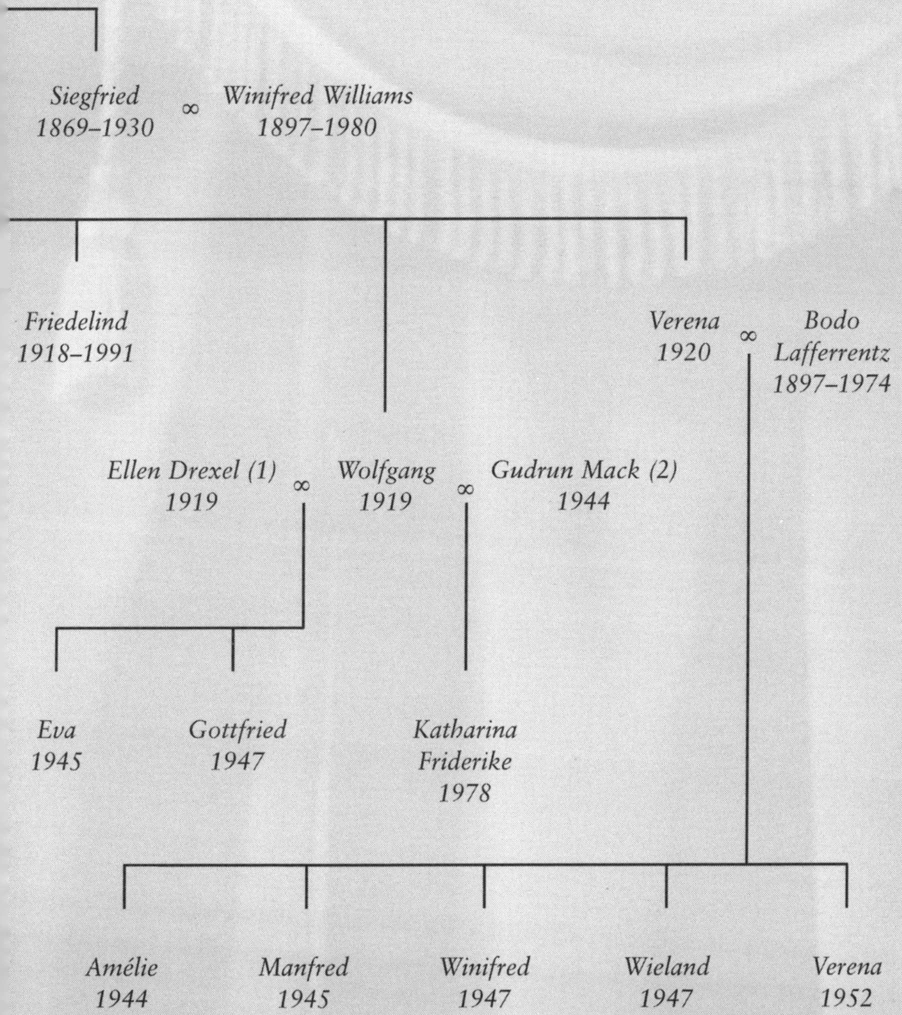

Siegfried
1869–1930   ∞   Winifred Williams
                 1897–1980

Friedelind
1918–1991   Verena   ∞   Bodo
                                              1920   Lafferrentz
                                                          1897–1974

          Ellen Drexel (1)   ∞   Wolfgang   ∞   Gudrun Mack (2)
              1919   1919   1944

Eva   Gottfried   Katharina
1945   1947   Friderike
                                  1978

     Amélie   Manfred   Winifred   Wieland   Verena
     1944   1945   1947   1947   1952

DIE WAGNERS

Familienbande

Herausgegeben von Claudio Gallio

Hans-Joachim Bauer

DIE WAGNERS

Macht und Geheimnis einer Theaterdynastie

Campus Verlag
Frankfurt/New York

Die Deutsche Bibliothek – CIP-Einheitsaufnahme

Ein Titeldatensatz für diese Publikation ist bei
Der Deutschen Bibliothek erhältlich
ISBN 3-593-36528-6

Copyright © 2001 Campus Verlag GmbH, Frankfurt/Main
Umschlaggestaltung: Daniela Hensel und Ingrid Olson, Berlin
Umschlagmotiv: © Getty Images Deutschland Stone
Satz: Presse- und Verlagsservice, Erding
Druck und Bindung: Druckhaus Beltz, Hemsbach
Gedruckt auf säurefreiem und chlorfrei gebleichtem Papier
Printed in Germany

Besuchen Sie uns im Internet: www.campus.de

Für Ingeborg

Inhalt

Vorwort

» F ür den Sohn, der beim Tode Wagners erst 14 Jahre alt war,
übernahm ... zunächst die Mutter die Bayreuther Regent-
schaft, nach Siegfried Wagner wird seine Witwe Winifred Haus
und Hof, Wahnfried und Festspielhaus erben, in ihre Rechte
treten wiederum die gemeinsamen Kinder, und so geht es fort«,
beschreibt Nike Wagner, Ur-Enkelin des Komponisten, in ihrem
Buch *Wagner Theater* lakonisch den Gang der Dinge.

Wagner: Kaum ein anderer deutscher Name ruft solch maßlose
Reaktionen hervor. Faszination oder Ablehnung, Hingerissenheit
oder Misstrauen – und nicht selten alles zugleich. Nietzsche, der
Wagner kannte, sprach in diesem Zusammenhang von der »dop-
pelten Optik«, die Wagners Talent und seinem Werk immanent sei
und die dafür sorgte, »zugleich die Gröbsten und die Feinsten zu
gewinnen«, wie es wiederum Thomas Mann zusammenfasste. Und
damit ist das Spielfeld abgesteckt, auf dem das Thema »Wagner«
meist inszeniert wird: Es geht um deutsche Geistesgeschichte, um
das Meisterwerk, das Nationalerbe, das Welttheater, das Kulturunternehmen ... Hinter alledem standen und stehen jedoch Menschen, die zwischen Glanz und Gloria, Last und Bürde der »Legende Wagner« an der Erhaltung und Ausschmückung eben dieser
Legende weitergearbeitet haben. Und es ist in dieser Hinsicht
sicherlich nicht falsch – 125 Jahre nach der ersten Aufführung der
Festspiele in Bayreuth –, von einem »Erfolgsmodell Wagner« zu

sprechen. Nicht viele deutsche Großunternehmen liegen seit über einem Jahrhundert fest in familiärer Hand und schaffen es zudem, das Zepter jeweils an den nächsten Stammhalter weiterzureichen. Zweifellos erstaunlich ist, dass sich in jeder nachfolgenden Generation auch jemand fand, der die Bande des Blutes und die des Amtes zu verbinden und anzunehmen bereit war.

Die dynastische Nachfolgeregelung scheint in den Augen der Familie auch im 21. Jahrhundert kein Auslaufmodell zu sein. Denn die Diskussion, besser: der Streit, der in jüngster Zeit in Sachen Festspielleitung ausgebrochen ist, stammt nicht aus einem Mangel an potenziellen Bewerbern mit Authentizitäts-Zertifikat – sondern entstand vielmehr aus der Frage nach der angemessenen und zeitgemäßen Interpretation dieses Amtes. Der seit Jahrzehnten amtierende Festspielleiter Wolfgang Wagner, Enkel Richards, meinte zwar, den Grünen Hügel gut bestellt zu haben, indem er seine zweite Frau Gudrun und seine Tochter Katharina zu seinen Nachfolgerinnen bestimmte. Allein: Er ignorierte einerseits die Ambitionen anderer Wagner-Erben, und er übersah zudem, dass die Angelegenheit längst nicht mehr testamentarisch zu regeln ist. Seit den 1970er Jahren verwaltet offiziell der Stiftungsrat der Richard-Wagner-Stiftung Bayreuth die Geschicke der Festspiele, in dem die Familie nur noch mit fünf von 24 Stimmen vertreten ist. Vor allem die Geldgeber Bayreuths – der Bund, das Land Bayern, die Stadt Bayreuth, der Bezirk und die so genannten Freunde von Bayreuth – verfolgen Interessen, die nicht immer mit denen der Erben identisch sein müssen. Jene wiederum sind sich nicht grün: »In Bayreuth dominiert längst die möglichst ›reibungslose‹ Verwaltung von Kunst, das Wagner-Abwickeln«, erklärt die Publizistin und Bayreuth-Bewerberin Nike Wagner der *taz*. »Es kann jemand mit der Feder gewandt sein. Aber er sollte sich nicht auf Kosten anderer und deren Ehre zu qualifizieren versuchen«, kontert Onkel Wolfgang im *Spiegel*. Und die eigene Tochter Eva nimmt er so-

Am Anfang der Legende und der dynastischen Nachfolge standen zwei mythische Gründerfiguren: Richard Wagner (rechts oben) und seine Frau Cosima (links daneben) – hier im Kreise von Familie und Freunden.

gleich ebenfalls aus dem Rennen um die Nachfolge: »Sie hat dort [an der Pariser Opéra Bastille, Londoner Covent Garden, Houston Opera; Anm. d. Verf.] kaum in selbständig entscheidender, sondern meist in empfehlend-beratender Weise gewirkt.« Keine ausreichende Qualifikation für den Grünen Hügel.

Ein solches Familientheater kann es wohl nur geben, wenn die Sache lohnt. Richard Wagner selbst hat dafür gesorgt, dass alle Elemente, die das Faszinierende und den Kult seines Theaters ausmachen, von Anbeginn an vorhanden waren: zunächst zwei mythische Gründerfiguren (neben Wagner dessen Frau Cosima, Tochter des Komponisten Franz Liszt), dazu freilich das musikdramatische Meisterwerk, bereichert um einen öffentlichen Ort der Huldigung (das eigens für Wagner-Aufführungen errichtete Festspielhaus), wiederum ergänzt durch einen privaten und mythischen Ort des Rückzugs (Villa Wahnfried). Der programmatische Wille Richards und Cosimas, die Pflege und den Ausbau dieses buchstäblich einmaligen Arrangements immer nur in berufene, weil blutsverwandte Hände zu legen, hat zweifellos den Kult-Charakter nur geschärft. Und für die Nachkommen bedeutete dieses Programm zweifellos Pflicht- und Ehrerfüllung zugleich. Zwei Weltkriege und fünf politische Systeme hat der familiäre Spielplan überlebt. In einer bemerkenswerten Mischung aus *self-fulfilling prophecy*, Überidentifikation, persönlichem Geschick und Talent gelang den Kindern und Enkeln Wagners die Überführung eines privaten Kulturguts in das Weltkulturerbe.

So ist die Geschichte der Familie Wagner vieles zugleich: einerseits deutsche Theater- und Geistesgeschichte sowie eine Geschichte des Umgangs der Deutschen mit ihrer Kultur. Andererseits auch eine Geschichte von Politik und Macht, denn Wagner – das Werk wie die Familie – war Ludwig II. so lieb wie Adolf Hitler und manchem Minister oder Kanzler der alten und neuen Bundesrepublik Deutschland. Die Mächtigen kamen und gingen. Die Wagners blieben. Ihre Geschichte lohnt es, in diesem Buch erzählt zu werden.

1. DIE WURZELN
DER FAMILIE WAGNER

Die Ursprünge der Familie liegen in Sachsen: In Freiberg lebte vor vier Jahrhunderten ein Moritz Wagner als Bergmann. Es war eine Zeit tiefgreifender Veränderungen. Reformation und Dreißigjähriger Krieg führten zu gänzlich neuen politischen Verhältnissen und Lebensbedingungen. Allmählich veränderten sich zahlreiche Stadtherrschaften und Fürstentümer in »moderne« Staatsgebilde. Der Wandel zeigte sich auch in den Berufsbildern der Ahnen Wagners. In den nächsten vier Generationen wurden sie Lehrer und Organisten: Martin Wagner (1603–69) in Hohburg, Samuel Wagner (1643–1706) in Thammenhain, Emanuel Wagner (1664–1726) in Kühren und nochmals ein Samuel Wagner (1703–50) in Müglenz. In ihrer Genealogie ist die geistig-musikalische Basis für das zukünftige Theatergenie vorgebildet worden.

Wagners Großvater Gottlob Friedrich Wagner (1736–95) durchbrach diese Tradition. Er studierte zwar mehrere Jahre Theologie, auch war er mit der Tochter eines »Schulhalters« verheiratet. Doch sein Auskommen fand er als Steuereinnehmer am Ranstädter Tor in Leipzig – ein Berufsweg, der wiederum symbolisch für die Veränderungen der Zeit steht. Denn im Zuge von Aufklärung und Säkularisierung suchten die Menschen ihr Lebensglück nicht mehr nur im Jenseits, sondern lernten, in ihrem selbstverantwortlich gestalteten Dasein den Sinn des Lebens zu

*Die Mutter Richard Wagners, Johanne Rosine Geyer, geb. Pätz,
galt als couragiert und lebhaft.*

Der Stiefvater, Ludwig Geyer, war allen Kunstgattungen zugeneigt, wie die zwei von Geyer selbst gemalten Ölporträts bezeugen.

begreifen. Zudem gewann die »fürsorgliche« Rolle des Staates zusehends an Bedeutung, und mit ihr die steuerlichen Erhebungen, für die nun unter anderen Wagners Großvater zu sorgen hatte. Richard Wagners Vater Friedrich schlug ebenfalls eine Karriere im Staatsdienst ein. Er hatte Jura studierte und als Polizeiaktuar stand ihm eine glänzende Beamtenlaufbahn bis zum Polizeipräsidenten von Leipzig vor Augen. Doch schon im Geburtsjahr seines berühmten Sohnes 1813 starb er an Typhus. Privat war er ein leidenschaftlicher Theaterliebhaber. Im Thomäschen Haus am Leipziger Markt stand er selbst auf der Laienbühne, und überhaupt hatte der Kontakt zu Theaterkreisen einen großen Stellenwert in seinem Leben. In seiner Autobiografie *Mein Leben* merkte Richard Wagner dazu an: »Meine Mutter beklagte sich scherzend, dass sie öfters sehr lange mit dem Mittagessen auf ihn habe warten müssen, während er bei einer damals berühmten Schauspielerin begeisterte Besuche abstattete; von ihr gescholten, behauptete er durch Aktengeschäfte zurückgehalten worden zu sein, und wies zur Bestätigung auf seine angeblich mit Tinte befleckten Finger, welche bei erzwungener näherer Besichtigung sich als vollkommen sauber auswiesen.«

Auch Wagners Mutter, Johanne Rosine, war ebenso vom »Theatervirus« infiziert worden, da sie in ihrer Jugend selbst geschauspielert hatte. Sie war die Tochter eines Bäckers und hatte offenbar die Chance bekommen, einige Zeit »in einer gewählten Erziehungsanstalt zu Leipzig« zu verbringen, und zwar durch »die Sorge eines von ihr so genannten *hohen väterlichen Freundes*«.

Die Liebhabereien ihres Mannes zu den Damen des Theaters dürften sich wohl nicht so ganz ohne amourösen Hintergrund abgespielt haben. Johanne Rosine aber machte daraus kein Drama und war froh, wenn die kinderreiche Familie einigermaßen unbeschadet über die Runden kam. Dabei erinnerte sich der am 22. Mai 1813 in Leipzig geborene Richard Wagner freilich auch, dass seine Mutter angesichts der »Schwierigkeiten, das Nötige zu beschaffen und bei sehr beschränkten Mitteln eine gewisse Neigung für äußeren Anschein zu befriedigen, nicht jenen behaglichen Ton mütterlicher Zärtlichkeit aufkommen ließ«. Er konnte sich nicht entsinnen, »je von ihr geliebkost worden zu sein, wie überhaupt zärtliche Ergießungen in unserer Familie nicht stattfanden; wogegen sich ein gewisses hastiges, fast heftiges, lautes Wesen sehr natürlich geltend machte«. Für große Empfindsamkeit war einfach keine Zeit bei sieben hungrigen Mäulern.

Im Zusammenhang mit seinen vaterlosen Helden Parsifal und Siegfried wurde gelegentlich behauptet, dass Wagner ohne Vater aufgewachsen sei. Das trifft nicht zu. Bereits ein Jahr nach Friedrich Wagners Tod heiratete seine Witwe den Schauspieler Ludwig Geyer, der der Familie seit mehreren Jahren freundschaftlich verbunden war. Obwohl er bestimmt auch erotisch von der couragierten Hausfrau angetan war, dürften Spekulationen, dass er Richard Wagners leiblicher Vater sei, kaum zutreffen. Schon die starke Ähnlichkeit Richards mit seinem 14 Jahre älteren Bruder Albert weist auf ihren gemeinsamen Vater Friedrich hin.

Jedenfalls konnte Wagner den Mangel, seinen Vater nicht gekannt zu haben, verschmerzen, denn mit dem geliebten Stiefvater, der resoluten Mutter und den sechs Geschwistern wuchs er die ersten acht Jahre in behüteten Verhältnissen auf.

Für die künstlerische Entwicklung Richards war der mehrfach begabte Geyer ein exzellentes Vorbild an Kreativität in verschiedenen Kunstgattungen. Nicht nur war er inzwischen zum beliebten Darsteller am Dresdner Hoftheater avanciert, auch als Dichter und Maler hatte er Erfolg. Sein in gereimten Alexandrinern verfasstes Lustspiel *Der Bethlehemitische Kindermord* erntete sogar von Goethe freundliches Lob. Und auch der König von Sachsen schätzte den Porträtmaler Geyer und vermittelte ihm an die 30 Aufträge für den bayerischen Hof.

Vom Erbteil seiner Mutter hat Wagner wohl am meisten profitiert. Von ihr stammten seine überzeugungsfähige Eloquenz, seine sprühende Lebhaftigkeit und sein brillanter Geist. Wie Hunderttausende andere Söhne auch hatte Wagner durchaus ein zwiespältiges Verhältnis zu seiner geliebten Mutter, er hielt sie für zänkisch, oberflächlich und besitzergreifend. Ihre Liebe und Anerkennung aber brauchte er als Antrieb seines künstlerischen Schaffens wie die Luft zum Atmen. Und er hätte gewiss ohne die anfänglichen Bestätigungen der Mutter, wie später durch seine Anhänger und das große Publikum, die Leiter des Ruhmes – bis hinauf zum Theatergenie des 19. Jahrhunderts – nicht erklimmen können.

2. WAGNERS SCHWERER WEG ZUM RUHM

»Meine frühesten Jugenderinnerungen haften an diesem Stiefvater, und gleiten von ihm auf das Theater über. Wohl entsinne ich mich, dass mein Vater gern Malertalent sich in mir entwickeln gesehen haben würde; sein Arbeitszimmer mit der Staffelei und den Gemälden darauf ist zwar auf mich nicht ohne Eindruck gewesen; ich entsinne mich, dass ich namentlich ein Porträt des Königs Friedrich August von Sachsen mit kindischem Nachahmungseifer zu kopieren versuchte.«

Der Sinn des jungen Richard stand jedoch nicht nach Malerei, sondern nach dem lebendigen Theater: »Große Gewalt übte nun auf meine Phantasie die Bekanntschaft mit dem Theater, in welches ich nicht nur als kindischer Zuschauer in der heimlichen Theaterloge mit ihrem Eingang über die Bühne, nicht nur durch den Besuch der Garderobe mit ihren phantastischen Kostümen und charakteristischen Verstellungsapparaten, sondern auch durch eigenes Mitspielen eingeführt wurde ... Bei einem Gelegenheitsstück zur Bewillkommnung des aus der Gefangenschaft zurückkehrenden Königs von Sachsen – *Der Weinberg an der Elbe*, mit Musik vom Kapellmeister C. M. von Weber, entsinne ich mich, bei einem lebenden Bilde als Engel ganz in Trikots eingenäht, mit Flügeln auf dem Rücken, in schwierig eingelernter graziöser Stellung figuriert zu haben.«

So erlebte Richard Wagner von klein auf das bunte Theaterleben als nahen und vertrauten Wirkungsbereich, in dem ja auch andere seiner Familienangehörigen beruflich tätig waren. Der älteste Bruder Albert (1799–1874) hatte zunächst Medizin studiert. Carl Maria von Weber, der noch aus des Vaters Zeiten ein Freund der Familie Wagner war, riet ihm jedoch, Gesangsunterricht zu nehmen. Albert debütierte im Winter 1819 als Belmonte in Mozarts *Die Entführung aus dem Serail* am Leipziger Theater. Unter Webers eigenhändiger Leitung sang er im folgenden Jahr in Dresden den Tamino aus Mozarts *Zauberflöte*. Dann erst – im Sommer 1820 – trat Albert in Breslau sein erstes Theaterengagement als Operntenor an. Im Laufe der Jahre war er in etwa 130 Opernpartien und 200 Schauspielrollen zu hören und zu sehen. Den Höhepunkt seiner Karriere erreichte er als Regisseur an der Hofoper in Berlin in den Jahren 1857 bis 1865. Allein durch ihn hätte Richard schon genug Anreiz zum Künstlerberuf gehabt, doch von den älteren sechs Geschwistern schlugen noch weitere drei Schwestern die Bühnenlaufbahn ein.

Rosalie (1803–37) trat erstmals in ihres Stiefvaters Theaterstück *Das Erntefest* als Schauspielerin auf und wurde bereits mit 17 Jahren königliche Hofschauspielerin in Dresden; sie sang unter Carl Maria von Webers Leitung die Titelpartie in dessen Oper *Preziosa*, welche damals den kleinen Bruder sehr beeindruckt hat. In Leipzig war sie ab 1828 engagiert und spielte die Rolle Gretchens in Goethes *Faust*, die Cornelia in Shakespeares *König Lear*, sowie die Titelrolle in Aubers Oper *Die Stumme von Portici*, neben zahlreichen Rollen in heute längst vergessenen Stücken. Nach dem Tod Ludwig Geyers 1821 wurde sie mit einem guten Engagement in Prag die Haupternährerin der Familie. 1836 heiratete sie den Leipziger Universitätsprofessor Oswald Marbach und verstarb schon ein Jahr später im Kindbett.

Luise (1805–62), die zweitälteste Schwester, tat es der jüngeren gleich. Wie diese trat sie schon in Kinderrollen auf, war als

Preziosa ebenfalls sehr erfolgreich und übernahm eine stumme Rolle in Carl Maria von Webers Jugendoper *Silvano*. Als Luise im Sommer 1827 in Leipzig am Theater ein gutes Engagement bekam, konnte auch sie zum Unterhalt für die Familie beitragen. Fast die ganze Familie war inzwischen wieder von Prag nach Leipzig zurückgekommen, weil Rosalie nach Gastspielen in Hamburg, Darmstadt und Kassel 1828 wieder im Theater der Messestadt spielte. Luise allerdings gab nach ihrer Heirat 1828 mit dem Verlagsbuchhändler Friedrich Brockhaus ihren Künstlerberuf auf.

Die dritte Künstlerin in der Familie war Klara (1807–75). Sie kam im Alter von nur 16 Jahren an die italienische Hofoper in Dresden, um dort als Primadonna in Rossinis *Cenerentola* zu debütieren; 1828 heiratete sie den Opernsänger Heinrich Wolfram, der später Kaufmann in Chemnitz wurde. Die Verbindungen der Wagners zur Familie Brockhaus waren vielfältig, denn Ottilie (1811–83) heiratete 1836 den Bruder ihres Schwagers, den Sprach- und Literaturwissenschaftler Hermann Brockhaus.

Cäcilie Geyer schließlich, Richards jüngere Halbschwester (1815–93), heiratete 1840 den Buchhändler Eduard Avenarius, der später in Paris die dortige Niederlassung des Verlags Brockhaus leitete.

Im Wagnerschen Familienverband spielt im Zusammenhang mit dem Theater noch die Stieftochter Johanna (1826–94) des Bruders Albert eine große Rolle. In den Jahren zwischen 1844 und 1851 war sie jugendlich-dramatische Sopranistin am Dresdner Hoftheater und sang am 19. Oktober 1845 in der Uraufführung des *Tannhäuser* die Elisabeth. Ab 1851 war sie am Berliner Hoftheater verpflichtet und galt damals als eine besonders erfolgreiche Sängerschauspielerin, die ebenso für ihren Onkel Richard ein Vorbild an Darstellungskunst wie früher schon die große Wilhelmine Schröder-Devrient war. 1876 erhielt Johanna eine Einladung zu den ersten Bayreuther Festspielen als Walküre und Norne in *Der Ring des Nibelungen*. Ab 1859 war sie mit dem Landrat Alfred Jachmann verheiratet. Ihr Sohn Hans verfasste zusammen mit Julius Kapp die Publikation *Richard Wagner und seine erste Elisabeth* (1927).

Von Anfang an bildeten also für Richard Wagner Familie und Theater eine lebendige Einheit. Auch nach dem Tod des Stiefvaters blieb das Haus der Familie ein geselliger Mittelpunkt der Dresdner Theaterwelt. Gelegentlich war – wie früher schon – Carl Maria von Weber zu Gast. Der siebenjährige Richard war von ihm tief beeindruckt.

Schon vor Geyers Tod verließ Richard die gewohnte familiäre Umgebung, um beim Pfarrer Wetzel in Possendorf auf den Besuch der Dresdner Kreuzschule vorbereitet zu werden. Etwa ein Jahr verbrachte er in der Familie des verwitweten Pfarrers, zusammen mit dessen drei Töchtern und anderen ausgewählten Zöglingen. In dieser Zeit absolvierte Wagner nicht nur seinen Vorbereitungsunterricht erfolgreich, wichtiger noch war die bei Pfarrer Wetzel erworbene Allgemeinbildung, von der er zeitlebens zehrte. Ob es die Beschäftigung mit Mozarts Biografie war, die Geschichte des alten Hellas oder der damals gerade ausgebrochene griechische Aufstand gegen die Türken, in vielen Bereichen wurde Wagners künstlerischer und historischer Wissensdurst geweckt.

Nach dem Tod Ludwig Geyers wurde der Knabe zunächst zu dessen Bruder Karl gegeben, einem Goldschmied in Eisleben. Wieder kam Richard in eine fremde Familie, und Karl Geyer schickte – nach einigen eigenen Unterweisungen – den »Pflegesohn« in die Privatschule des Magisters Weiß. Im September 1822 kehrte er aus Eisleben zunächst nach Leipzig zu seinem Onkel, bald aber wieder zur Mutter und zu den Geschwistern nach Dresden zurück.

Am 2. Dezember 1822 trat der kleine Richard in die Kreuzschule ein. Wegen seiner Bindung an die begehrte Bildungsstätte wurde Wagner erneut von seiner Familie getrennt, denn seine Mutter zog mit der kleinen Cäcilie 1826 nach Prag. Dort war Rosalie als Schauspielerin am Theater engagiert und konnte somit die Familie ernähren helfen. Richard blieb in Dresden bei der Familie des Dr. Böhme, mit dessen Söhnen er schon von der Schule her befreundet war. Zweimal reiste Richard in dieser Zeit nach Prag: im Winter 1826/27 und im Sommer 1827. Beim ersten Mal bekam er durch »die altertümliche Pracht und Schönheit der unvergleichlichen Stadt Prag« ...»einen unerlöschlichen Eindruck« von der Stadt an der Moldau. Beim zweiten Besuch verliebte er sich unglücklich in Jenny, die uneheliche Tochter des Grafen Pachta, dessen Schloss südöstlich von Prag gelegen war.

Zu Weihnachten 1827 konnte Richard erneut bei der Mutter aufgenommen werden, da diese inzwischen wieder nach Leipzig gezogen war. Seine schlechte Leistungen im Nikolai-Gymnasium, in das er am 21. Januar 1828 eingetreten war, machten 1830 sogar den Wechsel in die Thomasschule notwendig. Aber auch dieser Ausweg war nicht von Erfolg gekrönt. Richard ließ sich dennoch am 23. Februar 1831 ohne Abitur in die Universität Leipzig als Student der Musik einschreiben.

»Es begann bei mir die eigentliche liederliche Periode der Jünglings-Flegeljahre, über deren äußerliche Unschönheit und innerliche Leere ich jetzt noch wahrhaft erstaune«, schreibt Wagner in seiner Autobiografie. Sein privates Bemühen steht allerdings im Gegensatz zur eigenen Aussage. Er fasste den kühnen Entschluss, sein Gedicht »Leubald und Adelaide« durch Vertonung zu veredeln. Deshalb musste er möglichst schnell komponieren lernen. Wagner studierte Webers Musik, schrieb Beethovens Partituren ab und beschäftigte sich im Selbststudium mit Johann Bernhard Logiers *Methode des Generalbasses*. Er nahm Unterricht bei dem Leipziger Gewandhausmusiker und späteren Organisten in Altenburg, Gottlieb Müller; auch der von Mozart besessene Musikdirektor Kühnlein und der Geiger Sipp beteiligten sich an Richards Musikausbildung. Daraus war aber noch lange kein Beruf zu machen.

Wie gerufen trat im April 1829 ein Ereignis ein, das Wagner selbst als musikalisches Schlüsselerlebnis beschrieb:»Dies war ein kurzes Gastspiel der Wilhelmine Schröder-Devrient, welche damals auf der vollsten Höhe ihrer Künstler-Laufbahn stand, jugendlich, schön und warm, wie nie seitdem auf der Bühne ein Weib erscheinen sollte.« Wagner war vom Auftritt der Sängerin im *Fidelio* so begeistert, dass er gleich nach der Aufführung einen Brief an sie richtete. Er schrieb:»dass von heute ab mein Leben seine Bedeutung erhalten habe, und wenn sie je dereinst in der Kunstwelt meinen Namen rühmlich genannt hören sollte, sie sich erinnern möge, dass sie an diesem Abend mich zu dem gemacht habe, was ich hiermit schwören werde zu wollen. Diesen Brief gab ich im Hotel der Schröder-Devrient ab und lief wie toll in die Nacht hinaus. Als ich im Jahre 1842 nach Dresden kam, um mit dem *Rienzi* zu debütieren, und nun mich oft im Hause der freundlich gewogenen Künstlerin aufhielt, überraschte sie mich eines Males durch treue Rezitation jenes Briefes, welcher auch auf sie Eindruck gemacht zu haben schien, da sie ihn wirklich aufbewahrt hatte.« Heute ist freilich dieser Brief im Original – wie übrigens alle anderen Briefe an die Sängerin auch – nicht mehr nachweisbar.

Dennoch: Richard Wagners Entschluss, Musiker zu werden, stand nun unumstößlich fest. Bis ihm mit dem *Rienzi*, der ersten großen Oper, der Durchbruch gelang, musste er freilich noch einige Lehrjahre hinter sich bringen. Mit seinen ersten Kompositionen war noch kein Staat zu machen, geschweige denn Ruhm zu ernten.

Anfang des Jahres 1833 war Richard bei seinem Bruder Albert

in Würzburg zu Besuch, wo er einerseits dessen Kinder hütete und andererseits im Theater als Chor- und Solorepetitor Opernerfahrungen sammeln konnte. In der Zeit von Mitte Januar 1833 bis Mitte 1834 – also in Würzburg – entstand seine erste und vollständig erhaltene Oper *Die Feen*, deren Ouvertüre am 10. April 1834 auf dem Programm eines Gewandhauskonzerts in Leipzig stand. Der junge Komponist war bereits im August desselben Jahres Musikdirektor am Theater im sächsischen Bad Lauchstädt. Dort verliebte er sich in die Schauspielerin Minna Planer, die er am 24. November 1836 in Königsberg heiratete. Es war eine Eheschließung mit Hindernissen. Denn nach preußischem Landesrecht war der Musikus damals noch nicht heiratsfähig, nach sächsischem Recht jedoch sehr wohl, aber nur mit der Zustimmung der Eltern, die in der Eile nicht kommen konnten. Richard spielte bei den Beamten das eine Recht gegen das andere aus und erhielt seine Minna zur Frau. Deren begrenztes Talent als Schauspielerin konnte er damals noch nicht absehen. Aber ihr mütterliches Wesen und ihre noble Art hatten Richard wohl dazu bewogen, in den zu erwartenden unruhigen Theaterzeiten einen eigenen Hausstand zu gründen. Noch hatte er selbst keine wirkliche Existenzgrundlage als Musiker und auch keine durchschlagenden Erfolge als Komponist, um eine Familie ernähren zu können. Er brauchte aber offenbar ein privates Rückzugsgebiet zur Regeneration seiner Kräfte.

Jedenfalls führte diese ziemlich überstürzte Hochzeit, zu der nicht einmal die nächsten Verwandten anreisen konnten, Richard keineswegs auf die ersehnte Insel der Glückseligen. Schon zu Beginn wurde diese unüberlegte Künstlerehe von Arbeitslosigkeit und Richards aufbrausendem Wesen belastet. Seine Eifersucht war nicht unberechtigt, denn die Beziehung war unter nicht ganz ehrlichen Voraussetzungen zustande gekommen. Minna hatte erst allmählich gebeichtet, dass sie die Tugendhafte in Wahrheit nicht war, sondern von einem ihrer früheren Liebhaber, der sie aus Standesgründen nicht heiraten konnte, ein Kind hatte. Natalie musste heuchlerisch zur jüngeren Schwester Minnas gemacht werden, um die Missachtung der Gesellschaft zu vermeiden. Ob sich die nie darüber aufgeklärte Tochter wohl gewundert hat, wie herrschsüchtig über sie als Minnas »Schwester« innerhalb der Familie verfügt wurde?

Zweimal versuchte Minna noch kurz nach der Hochzeit, mit einem Liebhaber durchzubrennen. Da das Abenteuer nur kurz und nicht ernst gemeint war, blieb Minna nichts anderes übrig, als reuig in die Ehe mit Wagner zurückzukehren, der inzwischen Kapellmeister des Rigaschen Stadttheaters geworden war. Nun konnte Minna ihr Talent einsetzen, aus fast nichts einen behaglichen Hausstand zu organisieren. Hauptsächlich deshalb entschärfte der reizbare Gatte manch fällige eheliche Auseinandersetzung und konzentrierte seine Nervenkraft und allen Ehrgeiz auf seine künstlerische Entwicklung und sein musikdramatisches Schaffen. Dazu allerdings stand auch Minna bedingungslos und machte alle Fluchten, Wendemanöver und Niederlagen ihres Mannes mit, auch auf die Gefahr hin, selber mit ins Unglück zu geraten.

Die Prüfungen waren aber auch unmenschlich hart für das junge Paar. 1839 strebte Richard mit aller Macht nach Paris, um in der Metropole des musikalischen Theaters Sieg oder Niederlage für sich und seine Kunst herauszufordern. Doch er erlebte nichts als Enttäuschungen, denn dort herrschten, wie überall, Korruption und Verlogenheit im Theaterwesen. Honorè de Balzac hat in seinem zeitkritischen Roman *Vater Goriot* deutliche Worte dafür gefunden. Und Wagner musste am eigenen Leib verspüren, wie es jemandem ergeht, der weder über ausreichende Sprachkenntnisse noch die geeigneten Empfehlungen für die musika-

Richard Wagner – Dynastie-Schöpfer, Übervater. Doch sein erster Versuch, einen Hausstand zu gründen, fand 1836 noch ziemlich überstürzt statt (Aquarell von Clementine Stockar-Escher, 1853).

lischen Salons verfügt. Auch die Rezensenten waren käuflich, und selbst Giacomo Meyerbeers Empfehlung an die Pariser Oper hatte keine Wirkung. Richard Wagner besaß weder zusätzliche Geldmittel noch diplomatisches Geschick, um mit dem korrupten Musikbetrieb zum eigenen Vorteil umgehen zu können. Weder seine große Oper *Rienzi*, die er im Herbst 1839 an der Grand Opéra unterbringen wollte, noch sein *Fliegender Holländer*, den er lediglich als Text zur Vertonung für einen »hauseigenen« Komponisten verkaufen konnte, brachten ihm nennenswerte Beachtung. Nur noch schmachvolle Hilfsdienste für ortsansässige Verleger konnten das junge Ehepaar gerade so über Wasser halten. Sogar an seinen Freund Theodor Apel ließ Wagner von seiner Frau einen jämmerlichen Bittbrief schreiben, als sei er bereits im Schuldturm eingesperrt worden, woraus ihn nur noch ein Lösegeld retten könne. Bisher hatte er Minna gegenüber seine furchtbaren Geldnöte zu verheimlichen versucht. Dabei war sie als Hausfrau am meisten betroffen vom Mangel am Nötigsten. Die Dresdner Freunde Theodor Apel und Heinrich Laube, auch die Verwandten Brockhaus und der in Paris ansässige Schwager Avenarius halfen gelegentlich aus, konnten aber die grundsätzliche Misere nicht ändern.

Die unwürdige Existenznot machte Richard schließlich zum Schriftsteller: Für die *Gazette musicale de Paris* schrieb er schlecht bezahlte Musikernovellen, und bei deutschen Zeitungen gab er Berichte von den musikalischen Ereignissen in Paris ab. Dazu kamen einige Lohnarbeiten für den Verleger Schlesinger, der von ihm Bearbeitungen von Opern berühmter Zeitgenossen verlangte.

Unter all den widrigen Umständen war die Oper *Rienzi* entstanden. Nach der Ablehnung in Paris hatte Richard sie auch nach Dresden geschickt, wo sie endlich 1842 zur Uraufführung angenommen wurde. Im April 1842 machten sich die Wagners auf den Weg von Paris nach Dresden, um die Inszenierung vorzubereiten. In der sächsischen Residenz mieteten sie für sieben Taler eine kleine Wohnung in der Töpfergasse. Minnas Eltern konnten nicht Gastgeber sein, da sie in ärmlichen Verhältnissen lebten. Richard ließ, sobald das Quartier gefunden war, seine Frau zurück und fuhr alleine nach Leipzig, wo er nach sechs Jahren Mutter und Geschwister endlich wiedersah. Rosalie allerdings fehlte; sie war inzwischen im Kindbett verstorben. Die Mutter lebte jetzt behaglich bei der Familie ihrer mit Friedrich Brockhaus verheirateten Tochter Luise. Im Haus seines Schwagers Hermann Brockhaus und seiner Schwester Klara fand er das Idealbild einer Familie vor, das »auf mich Heimatlosen, unruhig Umhergejagten« besonders ergreifend wirkte. »Als meine Schwester eines Abends die artigen Kinder versorgt und mit freundlicher Ermahnung zur Ruhe gebracht hatte, und nun in dem geräumigen, reichlich versehenen Bibliothekzimmer das Nachtmahl uns zu langem traulichem Gespräch vereinigen sollte, brach ich in heftiges Weinen aus und schien von meiner guten Schwester, welche vor fünf Jahren in Dresden mich in der höchsten Bedrängnis meiner jugendlichen Ehe kennen gelernt hatte, verstanden zu werden.«

Da Wagner für die Zeit vor der Uraufführung keine festen Einkünfte hatte, boten ihm die Verwandten ein Darlehen von 200 Talern an, mit dem ein bescheidenes Auskommen möglich war.

Weshalb kam Richard nach Dresden und nicht nach Leipzig zurück? Mit Minna hätte er genauso gut in Leipzig in unmittelbarer Nähe seiner wohlhabenden Verwandten leben können. Aber in Dresden stand das Opernhaus, in dem der *Rienzi* aufgeführt werden sollte, und das hatte für ihn höchste Priorität. So hielt es der Komponist fortan in den meisten Fällen, in denen eines seiner Werke zur Uraufführung kommen sollte: Er hielt nicht nur sporadische Besuche bei Theaterproben und Aufführungen für dringlich geboten, sondern – wenn irgend möglich – die

Anwesenheit an Ort und Stelle, um seine Werke selber in allen Details mit Leben erfüllen zu können.

Der Dresdner Chordirektor und spätere Freund, Wilhelm Fischer, hatte sich schon vor Richards Ankunft in Dresden sehr intensiv mit der zugesandten Partitur beschäftigt. Am selben Theater fand Richard in Ferdinand Heine, der Schauspieler, Regisseur und Kostümzeichner war, einen weiteren Freund fürs Leben. Darüber hinaus bahnte sich mit den Hauptdarstellern des *Rienzi*, mit Wilhelmine Schröder-Devrient und Josef Tichatschek, ein künstlerischer Freundeskreis in Dresden an, der für ihn wichtiger wurde als seine Ehe.

Trotzdem wurden die ersten Proben zum *Rienzi* wegen einer Erholungsreise ins böhmischen Teplitz unterbrochen, wo er auch seine Mutter traf. Erst jetzt lernte Rosine ihre Schwiegertochter kennen:»Hatte sie von früher her gegen Minna, meiner gar zu jugendlichen Verheiratung mit ihr wegen, ein widerwilliges Vorurteil gehabt, so erhielt sie nun durch Bekanntwerden mit ihren häuslichen Eigenschaften vollen Grund, die Genossin meiner trübseligen Pariser Leiden zu achten und lieb zu gewinnen.«

Die beiden verstanden sich so gut, dass Minna noch einige Zeit in der Gesellschaft der Schwiegermutter blieb. Nach seiner Rückkehr aus Böhmen nahm sich Richard daher alleine eine kleine Wohnung in der Dresdner Waisenhausstraße.

Mit der Uraufführung des *Rienzi* am 20. Oktober 1842 änderte sich sein Leben von Grund auf: Die Oper wurde ein glänzender Erfolg, der Komponist war über Nacht berühmt. Er erhielt die königliche Kapellmeisterstelle in Dresden mit einem Jahresgehalt von 1500 Talern, ein Salär, von dem er bislang nur hatte träumen können. Darüber hinaus wurde er 1843 zum Dirigenten der Dresdner Liedertafel berufen und erhielt allenthalben Kompositionsaufträge für festliche Anlässe am Königshof. Im selben Jahr bezog er in der Ostra-Allee Nr. 6 seine»Kapellmeisterwohnung«; statt der gebrauchten Klaviere konnte er sich nun einen stattlichen Flügel leisten, dazu eine große Bibliothek, die zur literarischen Grundlage für alle weiteren Kompositionsvorhaben werden sollte.

Minna fühlte sich als Gattin des königlichen Kapellmeisters nicht nur gesellschaftlich am Ziel ihrer Wünsche, sondern mit dem Erfolg des *Rienzi* auch in Übereinstimmung mit dem Werk ihres Mannes. Ihrer Vorstellung nach hätte er den nun gefundenen Kompositionsstil nur noch in Varianten zu kopieren brauchen, um den ästhetischen und musikalischen Ansprüchen des damaligen Publikums (übrigens nicht nur in Dresden) zu genügen. Deshalb überließ Richard seiner Frau die ästhetische und materielle Ausbeutung des *Rienzi* gleichsam als Dauersubvention.

Er selbst verfolgte ganz andere, ehrgeizigere künstlerische Pläne. Bereits die nächste Oper, der *Fliegende Holländer*, verschreckte nicht nur seine Frau, sondern die ganze Kunstwelt. Wagners erstes Musikdrama war für das Publikum der damaligen Zeit eine Revolution in Klang, Handlung und Form. Mit diesen drei Elementen tat er den Weg in eine neue Opernwelt auf. Notwendig dafür waren vor allem Sängerschauspieler vom Typ der Schröder-Devrient, die sowohl in der von Wagner selbst dirigierten Uraufführung am 2. Januar 1843 in Dresden als auch in der Berliner Erstaufführung sang.

Seine Berufung zum Kapellmeister machte ihm aber auch schnell klar, welche Schwächen sein Amt und das gesamte Musikwesen in Sachsen aufwiesen. Und obgleich der Hof größten Wert darauf legte, mit französischen und italienischen Modeopern zu repräsentieren, um mit den entsprechenden Metropolen konkurrieren zu können, wurde Wagner gleichzeitig darauf aufmerksam gemacht, »dass man von mir eine echte künstlerische Reorganisation des hiesigen Musikwesens erwartete«. So schrieb er an seinen Freund Samuel Lehrs in Paris.

Richard Wagner aber fühlte sich als Nachfolger von Carl Maria von Weber dazu berufen, dessen noch kurze Tradition der deutschen Oper nicht nur fortzusetzen, sondern zu steigern, ohne dabei bedeutende ausländische Opern zu unterdrücken. Sein Nationalgefühl bewog ihn, sich für die Überführung der sterblichen Überreste von Webers aus London nach Dresden einzusetzen. Wagner hielt eine Trauerrede, komponierte eine Trauermusik und führte sie auf.

Wagner befand sich in diesen Jahren in der Blüte seiner Schaffenskraft, und da er mit seinen Kräften Raubbau trieb, war er ständig in der Gefahr eines gesundheitlichen Zusammenbruchs. 1844 leitete er die Berliner Erstaufführung des *Holländers*, in gleicher Zeit entstand die Oper *Tannhäuser*. Während eines fünfwöchigen Erholungsaufenthalts in Marienbad – mit Frau, Hund und Papagei – hatte er Wolfram von Eschenbachs Dichtung zum Thema und andere Literatur zu altdeutschen Sagen mitgenommen. Diese sollten zu Quellen für seine Opern vom *Lohengrin* bis zum Spätwerk *Parsifal* werden, der schon damals als Opernprojekt antizipiert wurde. Sogar eine Prosaskizze zu den *Meistersingern von Nürnberg* entstand in Marienbad, und so verstieß Wagner ununterbrochen gegen den ärztlichen Rat, den Kurerfolg nicht mit künstlerischer Arbeit hinfällig zu machen.

Zu Wagners künstlerischer Revolution kam die bürgerliche von 1849 in Dresden wie gerufen hinzu. Sobald sich erste Aktivitäten der Bürger gegen die Obrigkeit regten, stand sein Feuergeist in Flammen für die Sache der »kleinen Leute«. Ein Vorbote des Dresdner Mai-Aufstandes von 1849 war bereits das furchtbare Blutbad, das Herzog Johannes im August 1845 in Leipzig anrichtete, als er seiner Hotelwache befahl, auf das renitente Volk schießen zu lassen. Wagner war gerade auf der Durchreise in seiner Geburtsstadt, als dieser grausame Vorfall geschah. Von da an wuchs der allgemeine Widerstand gegen die Obrigkeit. Als dann die Aufstände in Sizilien begannen und in Paris 1848 das »Bürgerkönigtum« gestürzt wurde, strömte auch schon bald das Volk in Dresden auf die Straßen.

Mit seinem Gedicht »Gruß aus Sachsen an die Wiener« versuchte Wagner erstmals – wenn auch noch dichterisch – Einfluss auf das revolutionäre Klima in Europa zu nehmen. Seine Vorschläge an den sächsischen Abgeordneten Wigard in der Frankfurter Nationalversammlung waren schon in vier konkreten Punkten ausgearbeitet. Und schließlich hielt der schon berühmt gewordene Komponist selbst einen Vortrag beim linksgerichteten Dresdner Vaterlandsverein zu der Frage: »Wie verhalten sich republikanische Bestrebungen dem Königtume gegenüber?«

Als sich im Mai 1849 die revolutionären Kräfte zum Kampf für die Reichsverfassung sammelten und Dresden zum Hauptschauplatz der Auseinandersetzungen wurde, stand Wagner selbst mitten im Geschehen. Er arbeitete mit dem russischen Berufsrevolutionär Michail Bakunin zusammen, schrieb anonyme Aufsätze für Röckels *Volksblätter* und war plötzlich auf dem Turm der Kreuzkirche in Dresden zu finden, wo er nach feindlichen Truppen Ausschau hielt. Dann brannte das Dresdner Opernhaus, und der Aufstand wurde rigoros niedergeschlagen. Wagner musste – inzwischen schon steckbrieflich verfolgt – eiligst fliehen, um nicht eingesperrt zu werden. Minna war außer sich vor Zorn. Sie glaubte, das revolutionäre Engagement und die Umtriebigkeit ihres Gatten seien reiner Übermut gewesen, und er habe ihre wie seine Existenz mutwillig aufs Spiel gesetzt.

Franz Liszt, den Wagner schon 1840 in Paris kennen gelernt hatte, besorgte dem Verfolgten einen falschen Pass und half ihm, bei Nacht und Nebel über die Grenze in die Schweiz zu fliehen. Minna blieb bei Verwandten in Dresden zurück. Bei einem ebenfalls exilierten Leidensgefährten aus Deutschland, dem ihm befreundeten Musiker Alexander Müller, konnte Wagner sofort in

Zürich unterkommen. In der Schweiz war er längst kein Unbekannter mehr, sondern er wurde als berühmter Opernkomponist bald in das kulturelle Leben der Stadt Zürich – und später auch darüber hinaus – einbezogen. Über Müller wurde er mit dessen Schüler Wilhelm Baumgartner und mit dem Staatsschreiber Jakob Sulzer bekannt. Der wiederum besorgte dem Flüchtling einen Schweizer Pass, nachdem er sich von den dichterischen und musikalischen Qualitäten seines Gastes überzeugt hatte. Denn Wagner hatte schon in den ersten Wochen seines Exils damit begonnen, seine Dichtung *Siegfrieds Tod*, die spätere *Götterdämmerung*, den neuen Freunden vorzulesen.

Minna ließ lange überhaupt nichts von sich hören. Als sie ihm schließlich doch einen Brief sandte, machte sie ihm bittere Vorwürfe über sein unüberlegtes Tun. »Sie kündigte mir an, unmöglich an eine Wiedervereinigung mit mir denken zu können; denn nachdem ich so gewissenlos eine Anstellung und überhaupt ein Verhältnis, wie sie nie wieder sich mir bieten würden, verscherzt und zertrümmert hätte, wäre einer Frau wohl schwerlich zuzumuten, an meinen etwaigen Unternehmungen für eine zukünftige Versorgung teilzunehmen.«

Richard wurde sich erst allmählich darüber klar, dass er weniger die eigene Karriere in Dresden zerstört hatte als vielmehr die gesellschaftliche Existenz seiner Frau. Er musste erkennen, dass sie seine revolutionäre Begeisterung nicht im Geringsten geteilt hatte, und nun war sie ohne Einkünfte in Dresden zurückgeblieben, angewiesen auf die Unterstützung der Leipziger Wagners und seines Freundes Liszt, damals Hofkapellmeister in Weimar.

Für Richard selbst hatte der Verlust der bisherigen Lebensumstände sogar auch positive Seiten. »Ich entsinne mich jedoch, dass ich hierdurch nicht eigentlich von einem Schmerz erfasst wurde, dass im Gegenteil, da ich denn nun einmal gänzlich hilflos war, die Erkenntnis, bisher mein ganzes Leben auf Sand gebaut zu

*Sie führte mit dem aufstrebenden Komponisten keine glückliche Ehe:
Richard Wagners erste Frau Minna mit dem geliebten Hündchen Peps
(Aquarell von Clementine Stockar-Escher, 1852).*

haben, mit einer fast erhabenen Beruhigung auf mich wirkte.« Nun bot sich die Möglichkeit – und Notwendigkeit – eines völligen Neuanfangs, und Zürich war ein Zufluchtsort, »welcher nichts Anziehendes für mich hatte als gerade nur die gänzliche Aussichtslosigkeit, auf den bisher von mir betretenen Lebensbahnen es dort zu etwas zu bringen.«

Dass Richard nicht aus Übermut – wie Minna ihn verdächtigte –, sondern aus Überzeugung von der Richtigkeit seiner Kunstanschauung und ihrer Verwirklichung wieder von vorne anfangen musste, war in der Praxis nur deshalb möglich, weil er eben noch keine größere Familie zu versorgen hatte. Seiner Frau gegenüber handelte er dennoch nicht verantwortungslos, denn bis zu ihrem Tod sorgte er stets – wenn auch bescheiden – für ihr Auskommen. Dafür musste er gelegentlich sogar Schulden machen, um Reisen und Kuren seiner nie von ihm geschiedenen Ehefrau zu finanzieren. Jetzt in der Schweiz fiel es dem Exilanten natürlich besonders schwer, Geld zu beschaffen. Der anhängliche und kluge Jakob Sulzer entwickelte sich zu Richards »Finanzminister«, um nicht nur die geringen Einnahmen zu verwalten, sondern gelegentlich aus der eigenen Tasche dem Freund und seiner Frau zu helfen. In ähnlicher Weise zeigte sich auch Franz Liszt stets generös dem jüngeren und geschätzten Komponisten gegenüber.

An die Ausführung neuer Kompositionen konnte Wagner vorerst nicht denken, da seine bereits publizierten Werke weder in Deutschland – wo sie teilweise verboten worden waren – noch im Ausland – wofür es keine geeigneten Übersetzungen gab – aufgeführt wurden. Dennoch legte er sich zwei grundlegende Fragen vor, die möglichst gleichzeitig beantwortet werden wollten. Erstens musste er mit seinen speziellen Begabungen als Musiker irgendwie zu einem Lebensunterhalt gelangen und zweitens wollte er sich erst einmal theoretisch darüber Klarheit verschaffen, welches künstlerische Ziel er erreichen wollte. Die zweite Frage packte er gleich an. Er überlegte schon, seine bisher niedergelegte, sehr komplizierte Musikphilosophie – zum Beispiel seine Schrift *Kunst und Revolution* – in einzelnen Kapiteln ins Französische übersetzen zu lassen und einer Zeitschrift in Paris zum Abdruck zuzuführen. Es ist kaum verwunderlich, dass daraus nichts werden konnte. Dennoch hörte Wagner nicht auf, sich in riesigen Aufsätzen mit der Musik im Allgemeinen und der Oper im Besonderen auseinander zu setzen. Man mag es kaum glauben, dass er mit diesem Unterfangen Erfolg hatte, zwar nicht in Paris, aber in Sachsen. Ein Verleger in Leipzig spekulierte nämlich, dass mit dem ehemaligen königlichen Kapellmeister, der steckbrieflich verfolgt wurde, jetzt in der Schweiz lebte und über die Zukunft der Musik philosophierte, genug Skandal erzeugt werden könnte, um ein einträgliches Geschäft daraus zu machen. Zum ersten Mal konnte Richard seine Arbeit mit Gewinn veröffentlichen, und so hoffte er, »in dieser freien gelegentlichen Weise mich in der Lage zu erhalten, ohne Anstellung und namentlich ohne Musik mir eine wenn auch dürftig lohnende Wirksamkeit für die nächste Zeit einzurichten«.

Auch die Trennung von seiner Familie sollte nicht lange dauern, denn schon nach wenigen Monaten machte sich Minna auf den Weg nach Zürich. »So kündigte sie [Minna] mir an, einen bestimmten Tag des September dieses Jahres [1849] mit dem Hündchen *Peps*, dem Papagei *Papo* und ihrer vorgeblichen Schwester *Natalie* in Rorschach auf Schweizer Boden ankommen zu wollen. Nachdem ich zu ihrem Empfang und unserer gemeinschaftlichen Beherbergung eine Stube und Kammer gemietet, machte ich mich nun von Rapperswyl zu einer Fußreise durch das berühmte freundliche Toggenburg und Appenzell nach St. Gallen und Rorschach auf und fühlte mich doch sehr gerührt, als ich die sonderbare Familie, welche zur Hälfte aus Haustieren bestand, im Hafen von Rorschach anlanden sah. Besonders freundlich, ich muss dies offen gestehen, wirkten das Hündchen und der Vogel auf mich. Meine Frau erkältete meine Empfindung jedoch sogleich beim Wiedersehen durch die Drohung, jeden Augenblick zur Rückkehr nach Dresden bereit zu sein, wo ihr von vielen befreundeten Seiten für den Fall eines ungeeigneten Benehmens meinerseits Schutz und Zuflucht zugesichert sei. Mir genügte dagegen ein Blick auf die in kurzer Zeit offenbar sehr gealterte Frau, um mich zu dem nötigen Mitleid zu stimmen, welches alsbald meine Bitterkeit verschlang. Ich suchte ihr vor allem Mut zu machen und das gegenwärtige Missgeschick nur als vorübergehend darzustellen.«

Obwohl Minna weder von Zürich noch von Richards neuen Freunden angetan war, hatte sie schon bei ihrer Ankunft in der Schweiz seinen Flügel und sein heiß geliebtes »Titelblatt der Nibelungen von Cornelius« in den neuen Haushalt mitgebracht; dazu 100 Taler aus dem Verkauf des alten Hausrats. Richards wertvolle Bibliothek musste Minna dem Verwandten Heinrich Brockhaus wegen einer früheren Schuldverschreibung von 500 Talern als Pfand zurücklassen. Wagner glaubte zwar, diese wichtige Grundlage seiner Existenz als Musikdramatiker bald wieder auslösen zu können, aber es gelang ihm – aus welchen Gründen auch immer – nie mehr in seinem Leben. Minna hatte wieder einmal aus fast nichts einen passablen Hausstand improvisiert, in dem es sich vorläufig so gut leben ließ, dass selbst die Zürcher Freunde meinten, es sei sehr gemütlich bei den Wagners. Diese Behaglichkeit – die sich später in Luxus verwandeln sollte – brauchte Richard zum Leben und Arbeiten.

Aus Dresden meldete sich die Kaufmannsfamilie Ritter, die Richard aus Verbundenheit finanziell unterstützen wollte. So konnte er weiter künstlerisch und schriftstellerisch arbeiten, ohne für den demütigenden Broterwerb sorgen zu müssen. Unter solchen Bedingungen wollte er auch weiterhin in Zürich bleiben.

Minna dagegen war der Meinung, Richard könne ausschließlich mit einem Erfolg in Paris eine echte Karriere in Europa aufbauen. Auch Liszt drängte den bereits gescheiterten Parisabenteurer, 1850 nochmals in die Weltmetropole der Musik zu gehen, um einen endgültigen Sieg als Opernkomponist davon zu tragen. Trotz seiner schlimmen Erfahrungen reiste er also gehorsam an die Seine. Er konnte wegen der Ritterschen Subventionen schlecht ausweichen, sein Glück nochmals zu versuchen. In Paris fand er zwar alte Freunde wieder, aber nach wie vor keinen Zugang zur Grand Opéra und zur französischen Gesellschaft.

In dieser misslichen Situation, aber auch in dem Bemühen um zusätzliche finanzielle Unterstützung, sann Wagner erneut auf Flucht. Über Julie Ritter hatte Wagner die junge Französin Jessie Laussot kennen gelernt, die in Bordeaux mit einem Weinhändler verheiratet war. Ihre Familie wollte den deutschen Komponisten ebenfalls unterstützen. Von Paris aus besuchte er die hübsche Französin, die plötzlich so sehr für den vitalen und beredsamen Komponisten schwärmte, dass auch er sich in die 22-jährige Südländerin verliebte. Beide kamen eines Tages überein, gemeinsam in den Orient zu fliehen, um ihren jeweiligen Lebenszwängen zu entrinnen. Der Auslöser war womöglich Minnas Entschluss, kurzerhand selber nach Paris zu kommen, um nach dem Rechten zu sehen. Als der Fluchtplan des ungleichen Liebespaares im April aufflog, geriet Jessie seitens ihrer Familie unter Druck. Dass diese opernhafte Liebesgeschichte nicht mit Mord und Totschlag endete, obwohl der noch gar nicht gehörnte Ehemann dem Nebenbuhler eine Kugel verpassen wollte, war schließlich der Gendarmerie zu verdanken. Sie wurde von Monsieur Laussot benachrichtigt, dass ein deutscher Emigrant mit ungültigem Pass in Bordeaux einreisen wolle. Die Polizei griff zu und schickte den ungebetenen Gast in die Schweiz zurück. So war auch die zusätzliche Einnahmequelle versiegt.

Auf Umwegen kehrte Richard nach Zürich zurück und nahm wieder sein von häufigen Streitereien belastetes Eheleben mit Minna auf. Über seine Affäre mit Jessie Laussot verhängte er einfach ein striktes Redeverbot. Einerseits verlangte er dringlich nach familiärer oder doch wenigstens häuslicher Ruhe und Geborgenheit, für die seine Frau in allen Lebenslagen stets gesorgt hatte; andererseits suchte er nach einer ebenbürtigen Partnerin, die ihn und seine künstlerischen Ideen verstehen konnte. Minna war zu bieder und kleinbürgerlich, um mit dem Genie ihres Mannes auch nur gedanklich, geschweige denn praktisch umgehen zu können. Richard war hin- und hergerissen im Zwiespalt seiner Bedürfnisse, und es dauerte nicht lange, bis er wieder bei einer anderen suchte, was er vermisste.

Der Besuch eines Beethoven-Konzerts im Februar 1852 unter Wagners Leitung bewog den Seidenhändler Otto Wesendonck, der sich mit seiner schönen jungen Gattin erst kürzlich in Zürich niedergelassen hatte, die Bekanntschaft des deutschen Musikers zu suchen. Die junge weltgewandte Frau Wesendonck und Richard fassten bald eine schwärmerische Zuneigung zueinander. Er schrieb an den Freund Uhlig: »... es ist immer wieder das ›ewig Weibliche‹ was mich mit süßen Täuschungen und warmen Schauern der Lebenslust erfüllt. Ein feuchtglänzendes Frauenauge durchdringt mich oft wieder mit neuer Hoffnung.«

Es konnte nicht ausbleiben, dass Mathilde Wesendonck, die halb zufällig auch noch die Nachbarin der Familie Wagner geworden war, allmählich zu seiner Muse für *Tristan und Isolde* wurde. Die fertige Dichtung dazu hatte Richard ihr unter vier Augen überreicht und erstmals eine zärtliche Umarmung dafür erhalten. Ob mehr als platonische Liebe daraus entstand, darf bezweifelt werden. Mathilde Wesendonck war wohl selbstbewusst und gefestigt genug, um nicht einem interessanten Musiker zuliebe ihre gute Ehe und ihr gesellschaftliches Ansehen aufs Spiel zu setzen. Jedenfalls erlebte Richard in der leibhaftigen, aber eher unschuldigen Beziehung zu ihr einen Hauch von jener erotischen Leidenschaft, die er in der *Tristan*-Dichtung künstlerisch ausleben durfte. Die Komposition dazu entstand erst später.

Ab 1852 trafen bei Wagner in Zürich verstärkt Anfragen von deutschen Theatern ein, ob er Aufführungen des *Tannhäuser* übernehmen wolle. Der Komponist aber lebte im Exil und durfte Deutschland nicht betreten. Es war ihm verwehrt, bei den Proben und Aufführungen seiner Werke zugegen zu sein. Er sann auf Abhilfe, griff zur Feder und verfasste: »Über die Aufführung des *Tannhäuser*. Eine Mitteilung an die Dirigenten und Darsteller dieser Oper.« Durch diese immerhin gedruckte Broschüre setzte sich Wagner mit jedem einzelnen Dirigenten, Regisseur, Chorleiter und den Hauptdarstellern auseinander, nicht nur mit den jeweiligen Intendanten. Es entstand eine lebhafte und reichhaltige Korrespondenz, die heute nicht nur aufschlussreiche Antworten auf Interpretationsfragen gibt, sondern mehr noch diffizile Einsichten in Wagners Schaffen gewährt.

Durch diese von der Politik erzwungene Kommunikation mit seinen Künstlern entstand eine Gemeinde von »Mitwissern«, die gleichsam zu einer großen »Künstlerfamilie« in Sachen Wagners zusammenwuchs und die Basis für dessen späteren Weltruhm ausmachte. Auch in Zürich kann Wagner einen zusätzlichen Freundeskreis aus zahlreichen Zuhörern seiner Lesungen von *Der Ring des Nibelungen* hinzugewinnen.

Ein besonderes Ereignis war für ihn das Wiedersehen mit seinen engsten Musikerfreunden aus Deutschland. Franz Liszt kam mit Peter Cornelius, Richard Pohl, Dionys Pruckner und Hans von Bülow nach Basel, um Wagner im Exil zu treffen.

In dieser Atmosphäre, in der er von vielen Seiten Unterstützung und Bestätigung erfuhr, konnte er daran gehen, sein unerhörtes *opus magnum*, den *Ring des Nibelungen* zu verwirklichen. Wären damals nicht mehrere günstige Umstände zusammengekommen, gäbe es dieses Riesenwerk nicht, dem man von Anfang an Unaufführbarkeit alleine wegen seiner Länge auf der Bühne attestieren musste. Die nahezu unbegrenzte Zeit zum Komponieren und die finanzielle Unterstützung durch die Freunde ermöglichten es ihm jedoch, sich mit Kompositionsplänen zu beschäftigen, die nicht nur damals mit dem Attribut »größenwahnsinnig« belegt wurden.

Über Georg Herwegh, den Lyriker und Revolutionär des Vormärz, den Wagner in Zürich als Gesinnungsgenossen traf, lernte er das aus Hamburg stammende Ehepaar Wille kennen. Dr. Wille war ebenfalls »Achtundvierziger«. In seinem Landgut Mariafeld wurde Wagners *Ring*-Dichtung vorgelesen und mit Gästen wie Professor Ludwig Ettmüller (den Wagner wegen seines Spezialwissens zur nordirischen Sagenwelt nur »Eddamüller« nannte) und mit dem Historiker Theodor Mommsen diskutiert.

Wagner ließ seine »Öffentlichkeitsarbeit« keineswegs ruhen. Seine Konzerttätigkeit erstreckte sich bald über Zürich hinaus bis nach London, wo er 1855 auf Einladung der Old Philharmonic Society acht Konzerte dirigierte. Gleichzeitig arbeitete er auch in London weiter an der Komposition des *Rings*, der jedoch bald von dem dringlicher noch auszuführenden *Tristan* unterbrochen werden sollte.

Ende 1857 kam es wegen Richards Beziehung zu Mathilde Wesendonck zum Eklat. Der Komponist hatte die so genannten Wesendonck-Lieder komponiert, von denen er das Lied »Träume in Abwesenheit des Gatten« dem Geburtstagskind Mathilde in ihrem Haus aufführen ließ. Aus diesem Anlass entwickelte sich Eifersucht und Misstrauen in beiden Familien, die einige Zeit lang in schöner Eintracht nebeneinander gelebt hatten.

Nach einer Auseinandersetzung mit Otto Wesendonck reiste Richard für drei Wochen nach Paris. Danach schien sein Leben und Schaffen am *Tristan* ganz gewöhnlich in Zürich weiterzugehen, bis er am 17. August 1858 plötzlich über Genf, Lausanne und Mailand nach Venedig reiste, wo er sich düsteren Stimmungen der Verlorenheit bis hin zu Selbstmordabsichten hingab. Offenbar hatte er unter der gespannten Atmosphäre in Zürich nicht leben und noch weniger arbeiten können.

Minna hatte inzwischen den gemeinsamen Hausstand aufgelöst und war nach Dresden umgezogen, um dem gereizten Ehemann ganz aus dem Weg zu gehen. Im September 1859 übersiedelte Richard ein weiteres Mal nach Paris, aus praktischen Gründen der Lebensführung folgte ihm seine Frau dorthin. Das Zusammenleben wurde jedoch immer schwieriger, die Ehe war nicht mehr zu retten.

Wagner gab in Paris einige Konzerte, fand sogar neue Mäzene, wie Malwida von Meisenbug und Marie von Kalergis, die auch Defizite aus Konzertveranstaltungen deckte. Sogar der *Tannhäuser* wurde jetzt durch die Vermittlung der Fürstin Metternich auf Befehl Kaiser Napoleons III. für eine Aufführung in der Grand Opéra bestimmt.

Über den sächsischen Gesandten in Paris, den Grafen Seebach, erreichte Wagner eine Teilamnestie zur Einreise in die Staaten des Deutschen Bundes, mit Ausnahme von Sachsen. Doch erst nach einigen Monaten, im Juli 1861, verließ er Paris, um über einige Stationen in Deutschland nach Wien und zurück an den Rhein zu reisen.

Warum an den Rhein, und gar in das Nest Biebrich bei Mainz? In Mainz wurde nicht etwa eines von Wagners Werken aufgeführt, sondern der Schott Verlag hatte nach Lesung der *Meistersinger* im Haus des Verlegers das Werk zum Druck angenommen. In Biebrich, wo Wagner eine schöne Wohnung im Haus eines Architekten fand, wollte er seine *Meistersinger* komponieren. Vielleicht hing er auch noch dem einstigen Traum nach, »dereinst am Rhein ein Theater aus Brettern« aufschlagen zu können.

So weit kam es freilich nicht. Auch den Vorsatz, bis zu seinem 50. Geburtstag mit der Komposition der *Meistersinger* fertig zu sein, konnte er nicht halten. Nach dem Vorspiel zum ersten Aufzug unterbrach er die Arbeit, da er aus Wien signalisiert bekam, den *Tristan* aufführen zu können, und so zog Wagner im November 1862 erneut um.

Obwohl sich in Wien für ihn sehr schnell ein neuer Freundeskreis um den neuen Mäzen Dr. Standhartner auftat und sich Bekanntschaften mit Johannes Brahms, Eduard Hanslick, Joseph Hellmesberger, Karl Tausig, Wendelin Weißheimer und anderen ergaben, kam Wagner wegen seines aufwändigen Lebensstils ebenso schnell wie anderswo in finanzielle Nöte. Zum Glück bekam er immer wieder Angebote zum Dirigieren. Einladungen kamen sogar aus St. Petersburg und Moskau; er war in ganz Europa als exzellenter Orchesterleiter bekannt und geschätzt.

Die Anstrengungen der Tourneen waren aber selbst für den rastlosen Musiker sehr belastend und hielten ihn vor allem vom Komponieren ab. Ihm wurde deutlich, dass er so auf Dauer nicht leben und arbeiten wollte. Wagner steckte trotz größter Agilität in einer Krise. Doch wie sollte er seine Existenz in ruhigere Bahnen lenken?

In seinem Privatleben zeichnete sich bereits bei einem Besuch am 28. November 1863 in Berlin eine Wende ab. Auf einer Spazierfahrt mit Cosima von Bülow sprachen beide das Liebesbekenntnis aus, sich »einzig gegenseitig anzugehören«. Folgen hatte das zunächst noch keine, denn nicht nur Richard war gebunden, sondern auch die 24 Jahre jüngere Cosima.

Cosima nämlich war mit Richards Freund und innigem Bewunderer Hans von Bülow verheiratet. Richard und Cosima hatten sich 1857 kennen gelernt, als das frischvermählte Paar seine vierwöchige Hochzeitsreise nach Zürich machte, um Richard in seinem Asyl auf dem Grünen Hügel zu besuchen.

Cosima war die Tochter der Gräfin Marie d'Agoult, die unter dem Pseudonym Daniel Stern Romane veröffentlichte, und dem Komponisten und Klaviervirtuosen Franz Liszt. Da ihre Eltern sich schon bald wieder trennten, wuchs sie ohne eigentliche Familie bei fremdsprachigen Gouvernanten in Paris auf. Cosima war fast noch ein Kind, als sie 1855 mit ihrer Schwester Blandine nach Berlin in Pension zur Baronin Franziska von Bülow kam. Bei deren Sohn, Hans von Bülow, erhielt sie Klavierunterricht. Jung und unerfahren, wie sie war, suchte sie Schutz und Geborgenheit bei ihm. Es kam zur Verlobung und am 18. August 1857 heirateten sie. Obwohl Cosimas Ehe mit Hans von Bülow von Anfang an nicht glücklich war, wurde das erste gemeinsame Kind, Daniela Senta, am 12. Oktober 1860 geboren; am 20. März 1863 folgte Blandine.

Die Liebesschwüre zwischen Richard und Cosima waren jedoch vorerst ein Intermezzo, das nichts zur Beseitigung der finanziellen und künstlerischen Krise beitrug. Bei Richards Rückkehr nach Wien standen bereits die Gläubiger vor der Tür. Schließlich drohte ihm die Schuldhaft, und es blieb kein anderer Weg als die Flucht aus Wien.

3. DER ÜBERVATER RICHARD WAGNER ALS GRÜNDER DER FESTSPIELDYNASTIE

Als Richard Wagner am 24. März 1864 in München eintraf und wieder nichts als seine wichtigsten Habseligkeiten im Gepäck bei sich trug, schrieb er einen ironischen Grabspruch zur baldigen Verwendung in sein Notizbuch:

> *Hier liegt Wagner, der nichts geworden*
> *nicht einmal Ritter vom lumpigsten Orden*
> *nicht einen Hund hinter'm Ofen entlockt' er*
> *Universitäten nicht 'mal 'nen Doktor.*

Er konnte nicht ahnen, dass ihm bereits ein Bote des Königs Ludwig II. von Bayern nachgereist war, um sein Schicksal grundsätzlich zu wenden.

Wagner freilich war vorerst noch auf der Flucht, als er München wieder verließ, um zu Frau Wille, deren Mann gerade im Orient unterwegs war, nach Mariafeld in die Schweiz zu reisen. Die Wesendoncks hatten dieses Mal kein Einsehen mit Richards Zigeunerleben und verhielten sich abweisend, spendeten aber einige Möbelstücke, um die leeren Zimmer im Nebengebäude des Willeschen Anwesens einigermaßen wohnlich zu gestalten. An anderen guten Ratschlägen fehlte es auch nicht. In seiner Autobiografie erinnert er sich humorvoll daran:

»Von außen gelangte an mich außer einem heftigen Lamento Mathilde Maiers nur, wunderlich genug mich erfreuend, eine

Sendung von 75 Franken Pariser Tantiemen, von Truinet mir zugesandt. Hierüber geriet ich in halb launiger, halb galgenhumoristischer Unterredung mit Frau Wille darauf, was ich wohl zu tun hätte, um mich vollständig aus meiner elenden Lebenslage zu befreien. Wir verfielen unter anderem auf die Notwendigkeit, eine Scheidung von meiner Frau herbeizuführen, um auf eine reiche Heirat ausgehen zu können. Da mir alles rätlich und nichts unrätlich erschien, schrieb ich wirklich an meine Schwester Luise Brockhaus, ob sie nicht in einer vernünftigen Unterredung Minna dazu bringen könnte, sich fortan nur an das ausgesetzte Jahrgeld, nicht aber an meine Person mehr zu halten; worauf mir mit großem Pathos der Rat gegeben ward, doch fürerst noch an die Feststellung meines Rufes zu denken und durch ein neues Werk mich in unangefochtenen Kredit zu setzen, was dann ja wohl mir auch ohne exzentrische Schritte zum Guten verhelfen würde: jedenfalls würde ich gut tun, mich um die freigewordene Kapellmeisterstelle in Darmstadt zu bewerben.«

Als Dr. Wille von seiner großen Reise zurückkehrte, war kein Bleiben mehr in Mariafeld für den flüchtigen Komponisten, da er sich nach Ansicht des Hausherren allzu schnell breit machte in fremden Gefilden. Wagner wollte eigentlich nach Wien zurück, erfuhr aber, dass seine Freunde dort mit dem Verkauf seines Mobiliars einen Vergleich mit den Gläubigern zustande gebracht hatten, sodass zwar die Schulden geringer wurden, aber die Wohnung in Wien nicht mehr bewohnbar war. Dem jungen Freund Peter Cornelius schrieb Wagner verzweifelt nach Wien: »Ein gutes, wahrhaft hilfreiches Wunder muss mir jetzt geschehen; sonst ist's aus!«

Da entsann sich Wagner des Kapellmeisters Karl Eckert in Stuttgart, der vormals in Wien an der Oper war und Wagner kannte. Mit dessen Hilfe erhoffte er sich eine Bleibe für die nächsten Monate im Schwabenland. Hier wollte er seine *Meister-*

singer vollenden, um damit weitere Einnahmen vom Schott-Verlag zu erzielen.

Statt solcher möglicher Entwicklungen meldete sich ein Sekretär des Königs von Bayern in der Wohnung des Kapellmeisters Eckert und wurde in das Gasthaus verwiesen, wo Wagner wohnte. Dieser hielt ihn für einen Vertreter der Gläubiger in Wien und ließ sich erst einmal verleugnen. Nach einer sehr unruhigen Nacht sollte dennoch am nächsten Morgen eine Begegnung mit Herrn Pfistermeister (so hieß der bayerische Hofbeamte) stattfinden.

Wagner schreibt dazu in seiner Autobiografie: »Stets auf Übles mich vorbereitend, verbrachte ich eine unruhige Nacht, nach welcher ich andren Tags Herrn Pfistermeister, Kabinettssekretär S. M. des Königs von Bayern, in meinem Zimmer empfing. Dieser äußerte mir zunächst seine große Freude darüber, mich nach allem vergeblichen Aufsuchen in Wien, endlich sogar in Mariafeld am Zürichsee durch glückliche Nachweisungen geleitet, hier angetroffen zu haben. Er überbrachte mir ein Billett des jungen Königs von Bayern, zugleich mit einem Porträt sowie einem Ring als Geschenk desselben. Mit wenigen, aber bis in das Herz meines Lebens dringenden Zeilen bekannte mir der junge Monarch seine große Zuneigung für meine Kunst und seinen festen Willen, mich für immer als Freund an seiner Seite jeder Unbill des Schicksals zu entziehen. Zugleich meldete mir Herr Pfistermeister, dass er beauftragt sei, mich sofort dem Könige nach München zuzuführen, und erbat sich von mir die Erlaubnis, seinem Herrn telegrafisch meine Ankunft für morgen melden zu dürfen.«

Wagners erste Audienz beim König in der Münchner Residenz fand am 4. Mai 1864 statt. Die jugendliche Hoheit mochte sich das klein gewachsene Musikgenie aus Sachsen wohl etwas anders vorgestellt haben, wenn auch dessen unglaubliche Beredsamkeit den König sofort fasziniert haben muss.

Die Geschenke des Königs ermöglichten es Wagner, sogleich

seine restlichen Schulden in Wien zu tilgen. Das vom König ausgesetzte Jahresgehalt von 8 000 Gulden ermöglichte ihm von nun an ein sorgenfreies Leben, zumindest in wirtschaftlicher Hinsicht.

In der Nähe des Schlosses Berg, in Kempfenhausen am Starnberger See, hatte Ludwig für Wagner das Haus Pellet anmieten lassen. Dieser wohnte hier vom Mai bis Oktober 1864, sodass er leicht für den schwärmerischen »Märchenkönig« erreichbar war.

In dem neuen Heim besuchte ihn nicht die zuerst eingeladene Mathilde Maier aus Mainz, sondern Cosima von Bülow mit ihren Töchtern Daniela und Blandine. Bei dieser Gelegenheit wurde der künftige Lebensbund fest verabredet. Nach außen galt Cosima als seine Sekretärin, im Verborgenen war sie seine Geliebte. Noch unter dem Deckmantel der Verschwiegenheit bahnte sich jetzt an, was Richard sich seit Jahrzehnten gewünscht hatte: eine eigene Familie mit einer verständnisvollen Frau und eigenen Kindern.

Am 25. August 1864 gratulierte Richard auf Schloss Hohenschwangau Ludwig II. zum 19. Geburtstag. Der hatte inzwischen als Zeichen seiner Verehrung eine Büste von Wagner beim Bildhauer Kaspar von Zumbusch in Auftrag gegeben. Als Gegenleistung schrieb der Komponist die Abhandlung *Über Staat und Religion* und komponierte den *Huldigungsmarsch*.

Der knabenhaft schöne König von Bayern hatte im Münchner Opernhaus mit erhabenen Gefühlen und wie der Titelheld selbst sich fühlend den *Lohengrin* gesehen, und so entstand in ihm der Wunsch, den Schöpfer dieses Königsmärchens näher kennen zu lernen. Sicherlich zielte auch seine homoerotische Neigung etwas auf den väterlichen Künstlerfreund, mit dem es sich so trefflich über einen ganzen Kosmos von Kunst diskutieren ließ. Richard fühlte sich geschmeichelt und ließ das ganze Füllhorn an königlichen Wohltaten über sich ausschütten. Über den jungen Ludwig schrieb er an Eliza Wille: »Er ist leider so schön und geistvoll, seelenvoll und herrlich, dass ich fürchte, sein Leben müsse wie ein flüchtiger Göttertraum in dieser gemeinen Welt zerrinnen.« Gern schlüpfte Richard in die Rolle des väterlichen Freundes und ließ sich von der jungen und spendablen Majestät in opernhafter Verklärtheit verehren. Der Revolutionär hatte sich zum Royalisten gewandelt; aber nicht etwa aus Willkür oder Launenhaftigkeit, sondern weil die Revolution nicht erfüllen konnte, was der König freiwillig gewährte: die Verwirklichung eines Künstlertraums!

Franz Liszt ließ sich 1864 ebenfalls im Haus Pellet sehen, in Sorge um die Ehe seiner Tochter mit Hans von Bülow. Überrascht und beeindruckt wird er von den fertigen Teilen der *Meistersinger*-Partitur. Dem König teilt Wagner mit:»Ich habe beschlossen, jede andere Arbeit, so vorteilbringend sie mir ihrer leichteren Ausführbarkeit wegen sein könnte, für jetzt zur Seite zu legen, um dagegen einzig und sofort die Vollendung der Composition meines großen Nibelungenwerkes in Angriff zu nehmen.« Gemeint war *Der Ring des Nibelungen*.

Anfang Oktober 1864 zog der Komponist in ein gemietetes Haus in München in der Brienner Straße 21. Hier begann er sogleich mit der Arbeit an der zweiten Szene im ersten Akt des *Siegfried*. Er erhielt den offiziellen Auftrag, seinen *Ring* zu vollenden. Mit der Königlich Bayerischen Kabinettskasse wurde ein Vertrag über den Ankauf des Zyklus für 30 000 Gulden geschlossen – mit Zustimmung des »Vorbesitzers« Otto Wesendonck. Zur Aufführung des gewaltigen Werkes strebte Ludwig II. an, ein Wagner-Festspielhaus in München zu errichten, um den Komponisten an seine Residenz zu binden.

Durch Richards Vermittlung wurde Hans von Bülow im November 1864 zum »Vorspieler des Königs«, später zum Dirigenten der Hofoper ernannt. Dabei durfte der Komponist mit erwogen haben, dass die Anwesenheit der Familie Bülow in München auch Cosima wieder in seine Nähe brachte, woraus neue Konflikte entstehen sollten. Noch aber durfte sich das Theatergenie im Glanz königlichen Wohlwollens fühlen, denn mit dem Auftrag an den Architekten Gottfried Semper, das Festspielhaus an der Isar zu errichten, hatte er alle Vorteile auf seiner Seite. Dieser günstigen Entwicklung stellten sich aber schon bald Widerstände seitens der Hofbeamten und auch der Bevölkerung entgegen. Der Komponist machte gegenüber der Öffentlichkeit kein Hehl aus seinem luxuriösen Lebenswandel, und jedermann wusste, dass ihn der König aus Steuergeldern finanzierte. Der König von Bayern bezahlte mit Richard Wagner einen Künstler unter zahlreichen anderen für seine Dienste. Wagner war allerdings kein Angestellter des Königs, sondern ein freier Komponist, der seine Kunstwerke zu Markte tragen musste. Er brauchte sich keineswegs als Almosenempfänger zu fühlen, wenn er Geschenke vom König annahm. Denn Geschenke tauschen gleichrangige und ebenbürtige Menschen aus, nur Untergebene werden bezahlt.

Im Privatleben spielte der Komponist freilich ein doppeltes Spiel. Der König wusste nichts davon, dass dem Künstlerfreund am 10. April 1865 von Cosima von Bülow die Tochter Isolde geboren worden war. Der arglose Hans von Bülow dirigierte am gleichen Abend die erste Orchesterprobe zu *Tristan und Isolde* im Münchner Hoftheater. Mit diesem unehelichen Kind und einer verheimlichten Geliebten beginnt die Wagner-Dynastie, die einmal dafür sorgen sollte, dass das Gesamtwerk eines musikdramatischen Genies der ganzen Welt dauerhaft zur Verfügung gestellt wurde. Der katholische König wurde in seinem naiven Glauben an die Größe und Reinheit seines musikalischen Mentors belassen und durfte nichts wissen von Ehebruch und Betrug. Um seine enge Beziehung zu Cosima zu begründen, verkündete Wagner dem König, dass er mit der Niederschrift von *Mein Leben*, der vom König selbst erbetenen Autobiografie, begonnen habe und sie Cosima in die Feder diktiere.

Im August 1865 war Richard Gast des Königs in der Jagdhütte

auf dem Hochkopf am Walchensee. Dort sprach er von seinem schon lange gehegten Wunsch, nach dem *Ring* noch einen *Parzival* komponieren zu wollen. Gleich nach seiner Rückkehr von diesem Ausflug verfasste er einen ersten großen Prosaentwurf und dann eine Reinschrift für Ludwig II.

Die immer enger werdende Freundschaft zwischen dem Komponisten und dem König erregte wachsenden Neid und Ärger in der Bevölkerung und am Hofe. Auch den einstigen »Glücksboten« Pfistermeister hatte Wagner inzwischen zum Intimfeind, und die Münchner fingen an, böse Witze über den zugereisten Sachsen zu machen. In Anlehnung an die Affäre Ludwigs I. mit der Tänzerin Lola Montez wurde er schon »Lolus« oder gar »Lolotte« geschimpft. Und selbstverständlich kursierten Gerüchte über die Beziehung Wagners zur Frau des Hans von Bülow. Den Höhepunkt öffentlichen Ärgernisses zettelten die Beamten der königlichen Finanzkasse selbst an, indem sie an Cosima, die Wagners Geschäfte führte, 40 000 Gulden in Silbermünzen, abgefüllt in Säcken, ausgaben. Cosima war gezwungen, das viele und schwere Kleingeld auf einem Handkarren durch die Stadt in Wagners Haus zu fahren und sich dem Gespött der gaffenden Leute auszusetzen.

Der König wollte ganz bewusst nichts von den Intrigen wissen, die gegen den Freund gesponnen wurden. Er lud ihn nach Schloss Hohenschwangau ein, wo er für seinen Gast schon ein Schlaf- und ein Musikzimmer hatte einrichten lassen.

Derweilen hatten die Feinde den nächsten Angriff schon geplant und mit einem Artikel im Münchner *Volksboten* zur Attacke geblasen. Wagner fühlte sich unverwundbar und machte den Fehler, sich nicht nur in die Kabinettspolitik der Regierung einzumischen, sondern auch in der Presse leitende Hofbeamte anzugreifen. Die Falle schnappte zu, der Minister von der Pfordten forderte vom König: »Sie haben zu wählen zwischen der Liebe

Mitte der 1860er Jahre fühlte sich Wagner – durch den zunehmenden Erfolg und der wachsenden Freundschaft mit König Ludwig II. – so gut wie unverwundbar. Der Komponist im Kreise seiner Freunde in München.

und Verehrung ihres treuen Volkes und der Freundschaft Richard Wagners.« Das Kabinett drohte mit Rücktritt, und dem König blieb keine Wahl, wenn er nicht wie sein Großvater Ludwig I. einen Sturz riskieren wollte: er musste Wagner auffordern, Bayern zu verlassen. Weniger aus Angst, mehr aus verletztem Stolz und herausgefordertem Trotz begab sich Richard ein zweites Mal ins Exil, in die Schweiz, und mietete in der Nähe von Genf das Landhaus »Les Artichauts«. Denn die weiteren finanziellen Unterstützungen hatte ihm der König nicht entzogen. Aber voller Unruhe hielt er es auch dort nicht lange aus. Er machte sich bis nach Marseille auf die Suche nach einem anderen Wohnsitz. In dieser Zeit, am 20. Januar 1866, starb seine Frau Minna. Die Todesnachricht erreichte ihn spät, und der Weg nach Sachsen war zu weit, um die letzte Ehre erweisen zu können.

Ende März kam Cosima nach Genf. Beide machten einen Ausflug über Lausanne, Bern und Interlaken zum Vierwaldstätter See, wo sie ein idyllisch gelegenes Haus in Tribschen bei Luzern entdeckten. Während Cosima gleich wieder zu ihrer Familie nach München zurückkehren musste, suchte Wagner nochmals das Haus auf und mietete es, wofür Ludwig II. die Kosten übernahm. Am 15. April 1865 zog Wagner in Tribschen ein. Am 12. Mai kam Cosima mit ihren nunmehr drei Töchtern, Daniela, Blandine und Isolde, ebenfalls dort an. Trotz der großen »Familie« nahm der Meister die Komposition an den *Meistersingern* wieder auf und diktierte Cosima weiter seine Autobiografie *Mein Leben*.

An Richards Geburtstag, am 22. Mai, stahl sich König Ludwig heimlich aus seiner Residenz, schickte seinen Adjudanten, den Fürsten Paul von Taxis, nach Tribschen voraus und ließ sich an Wagners Haustüre mit »Walther von Stolzing« anmelden. Der Künstlergeburtstag wurde gemeinsam gefeiert. Zwei Tage später reiste der König nach Schloss Berg zurück. Der Öffentlichkeit versuchte man Ludwigs unschicklichen Ausflug natürlich zu verheimlichen, doch das misslang. Der Fall sorgte für große Empörung, da gerade wieder einmal die politische Lage im Land angespannt war.

Der betrogene Ehemann Cosimas und Richards leidenschaftlicher Freund Hans von Bülow ersuchte vom König seine Entlassung, da er offenbar von seiner Frau rückhaltlos aufgeklärt worden war. Bülow traf am 10. Juni 1866 selbst in Tribschen ein, nicht etwa um Skandal zu machen, sondern um ein Komplott gegen die öffentliche Meinung zu schmieden, indem Richard ein für die Presse bestimmtes Schreiben an Hans von Bülow verfasste, das Cosima gegen alle Verleumdungen in Schutz nahm und einer königlichen Ehrenerklärung für Richard, Bülow und Cosima gleichkommen sollte.

Der König aber hatte jetzt andere Sorgen: Am 14. Juni brach der preußisch-österreichische Krieg aus, und Bayern befand sich auf der falschen Seite, der der Österreicher. Nach der Niederlage beabsichtigte Ludwig II., die Krone niederzulegen. Wagner riet brieflich von einer Abdankung ab.

Zur Wahrung des äußeren Scheins fuhr inzwischen Cosima mit ihrem Mann und den Kindern nach München. Hans von Bülow reiste alleine weiter nach Basel, während Cosima im September 1866 wieder nach Tribschen eilte, um mit Richard in »wilder Ehe« zu leben. Ende Oktober kam der junge Musiker Hans Richter nach Tribschen, bot seine Dienste als Sekretär an und begann mit der Abschrift der *Meistersinger*-Partitur.

Die noch nicht legitime Familie Wagner wuchs am 17. Februar 1867 um ein weiteres Mitglied. Cosima brachte Eva, die zweite Tochter Wagners zur Welt. Sie wurde nach der weiblichen Hauptrolle in den *Meistersingern von Nürnberg* benannt.

Da Hans von Bülow von König Ludwig II. zurückgerufen wurde, um in München Hofkapellmeister und Leiter der neu gegründeten Musikschule zu werden, musste das Spiel mit verdeckten Karten von den Wagners und Bülows noch weitergespielt werden. Cosima kehrte nochmals zu ihrem Ehegatten nach München zurück. Es ging dabei auch um Aufführungen von Wagners Opern unter Bülows kompetenter Leitung. Er führte zum Beispiel am 1. August 1867 den *Tannhäuser* in München zum ersten Mal in der Pariser Fassung auf.

Richard war jetzt oft in München beim König zu Gast, traf sich mit Cosima und Freunden wie August Röckel und Peter Cornelius. Sogar ein geheimes Treffen mit der Verlobten des Königs, der Herzogin Sophie, wurde arrangiert. Das Hin und Her – auch für Cosima – zwischen Tribschen und München nahm kein Ende. Zwischendurch erhielt der König schmachtende Briefe seines Künstlerfreundes: »O Parzival! Wie muss ich dich lieben, mein trauter Held!« Aber auch in die Politik mischte sich Wagner wieder ein, indem er beklagte, dass der Deutsche Bund nicht von

Bayern gerettet worden sei: »Dies wurde versäumt, weil der bayerische Minister bereits mit Preußen unter einer Decke spielte: der von ihm geführte schmachvolle Scheinkrieg, die daraus entstandene Schwächung und Beschämung Bayerns, hat im Lande eine verzweiflungsvolle Stimmung hervorgerufen: Offen wendet sich Alles zu Preußen, um wenigstens einer kräftigen Regierung und Organisation teilhaftig zu werden.«

Da der König Wagner wieder näher bei sich haben wollte, mietete er für ihn das Haus »Prestele« bei Starnberg, während er selbst zumeist in Schloss Berg weilte. Im Sommer 1867 kam er sogar einmal abends alleine nach Starnberg geritten. Andrerseits gab es in künstlerischen Dingen offenen Verdruss, als Ludwig II. eigenmächtig bestimmte, dass der junge Heinrich Vogl an Stelle von Richards 60-jährigem Freund Tichatschek den Lohengrin singen sollte, damit das Idealbild des strahlenden Schwanenritters nicht allzu sehr beschädigt werde. Das war keine schlechte Wahl, aber Wagner zog sich grollend nach Tribschen zurück und konnte nichts gegen die Blamage des Dresdner Freundes tun.

Cosima korrespondierte inzwischen auch mit dem König und unterrichtete ihn über Wagners Befinden: »Er fühlt sich wohl auf Tribschen und korrigiert nun an der Biografie.« Wegen der Artikelserie »Deutsche Kunst und deutsche Politik« in der *Süddeutschen Presse* kam es zwischen Richard und Ludwig zu ernsten Verstimmungen, zumal die Gerüchte um das Verhältnis mit Cosima immer lauter wurden. Dennoch versöhnten sich die beiden wieder und feierten Richards 55. Geburtstag mit einer Dampferfahrt auf dem Starnberger See. Das Schiff *Tristan* brachte die Geburtstagsgesellschaft zur Roseninsel, wo gemeinsam zu Mittag gegessen wurde.

Die Uraufführung der *Meistersinger* am 21. Januar 1868 wurde ein Triumph im gesellschaftlichen Leben Wagners. Er wurde noch während des Vorspiels in die Königsloge gebeten und durfte auf

Befehl des Königs stehend die Ovationen des Publikums entgegennehmen; ein unerhörter Verstoß gegen die Etikette!

Im September 1868 unternahm Richard eine erste Italienreise mit Cosima. Es ging über den St. Gotthard nach Stresa, zu den Borromeischen Inseln und nach Genua. Auf der Heimfahrt erlebten die Reisenden furchtbare Gewitter und große Überschwemmungen in Norditalien, kamen aber unbeschadet wieder in Tribschen an.

Im Herbst begleitete Richard seine Geliebte nach Augsburg. Cosima fuhr alleine weiter nach München, um eine Aussprache mit ihrem Ehemann wegen der Scheidung herbeizuführen. Richard hatte den König von den Geschehnissen unterrichtet, erhielt aber keine Audienz mehr bei ihm.

So fuhr er weiter in seine alte Heimat, wo er beim Besuch seines Schwagers Hermann Brockhaus in Leipzig den 31 Jahre alten Friedrich Nietzsche kennen lernte. Auch dessen Freund Erwin Rohde wurde Wagner vorgestellt. Rohdes Erinnerung an diese Begegnung klingt folgendermaßen:»Ich werde Wagner vorgestellt und rede zu ihm einige Worte der Verehrung; er erkundigt sich sehr genau, wie ich mit seiner Musik vertraut geworden sei, schimpft entsetzlich auf alle Aufführungen seiner Opern, mit Ausnahme der berühmten Münchner und macht sich über die Kapellmeister lustig, welche ihrem Orchester im gemütlichen Tone zurufen: ›Meine Herren, jetzt wird's leidenschaftlich‹, ›Meine Gutsten, noch ein bisschen leidenschaftlicher!‹ W. imitiert sehr gern den Leipziger Dialekt ... Vor und nach Tisch spielte Wagner, und zwar alle wichtigen Stellen der *Meistersinger*, indem er alle Stimmen imitierte und dabei sehr ausgelassen war. Er ist nämlich ein fabelhaft lebhafter und feuriger Mann, der sehr schnell spricht, sehr witzig ist und eine Gesellschaft dieser privatesten Art ganz heiter macht.« Wagner las bei dieser Gelegenheit eine Episode aus seinem Leipziger Studentenleben, wie er sie in *Mein*

Leben niedergeschrieben hatte, den jungen Leuten vor und lud Nietzsche zu sich nach Tribschen ein.

Mitte November 1868 zog Cosima endgültig mit ihren Töchtern Isolde und Eva nach Tribschen und brachte Ruhe in Richards Leben. Immer deutlicher wurde ihr Einfluss auf sein Denken, denn sie verstand es, seine sozialistischen und revolutionären Ideen abzuschwächen und weckte und vertiefte stattdessen die elitären und antisemitischen Vorstellungen bei ihm. Das ging so weit, dass Wagner seine alte Schrift vom *Judentum in der Musik* wieder vornahm und in einem Brief an Frau von Muchanoff schrieb:»Die Theater den Junkern und dem Kulissenjux, die Konzertinstitute den Musikjuden: was bleibt uns da noch übrig?« Wagner glaubte neuerdings, eine jüdische Verschwörung gegen sein Werk braue sich zusammen. Im Vorwort zur Neuausgabe von *Judentum in der Musik* beklagte Wagner sogar eine »von Seiten der Juden ... widerfahrene Verfolgung«. Darüber waren selbst Liszt und Bülow entsetzt.

Friedrich Nietzsche war inzwischen zum außerordentlichen Professor für klassische Philologie in Basel ernannt worden und nutzte die Reise dorthin, um Richards Einladung nach Tribschen zu befolgen. Er kam am Pfingstmontag an und blieb über Wagners Geburtstag hinaus sein Gast, um am 28. Mai 1869 in Basel seine Antrittsvorlesung zu halten.

Als Nietzsche bereits am 5. Juni erneut in Tribschen eintraf, bekam er gar nicht recht mit, dass am nächsten Tag Wagners Sohn Siegfried zur Welt kam. Jetzt war er da, der Stammhalter und Stolz des berühmten Vaters, dessen künstlerische Zukunft nunmehr über den eigenen Tod hinaus gesichert schien. Und da Wagner gerade am *Siegfried* arbeitete, bot es sich an, dem eigenen Sohn diesen Namen zu geben. Nach der Geburt von Wagners und Cosimas drittem Kind, bat sie ihren Ehemann um die Scheidung und auch darum, ihr seine Töchter Daniela und Blandine zur Erziehung zu überlassen. Schon am übernächsten Tag stimmte Hans von Bülow zu.

Sehr im Gegensatz zum Tribschener Familienidyll waren die Vorbereitungen zur Uraufführung von *Rheingold* in München mit viel Aufregungen verbunden. Der König, der das Werk schon gekauft hatte, bestand auf der Aufführung. Wagner dagegen wollte eine Einzelaufführung dieses ersten Teiles seiner Nibelungentetralogie verhindern. Selbst der Rücktritt des Dirigenten Hans Richter und des Darstellers des Wotans, Franz Betz, beeindruckte den König nicht, der jetzt gegen »Wagner und Konsorten« wetterte, während Wagner dem neu bestellten Dirigenten Franz Wüllner schriftlich drohte: »Hand weg von meiner Partitur! Das rat ich Ihnen, Herr; sonst soll Sie der Teufel holen.« Trotz Wagners demonstrativem Fernbleiben wurde die Aufführung ein beachtlicher Erfolg.

Der Ärger wiederholte sich im Frühjahr 1870 mit dem zweiten Teil des *Rings*, der *Walküre*. Wagner hatte eine Privataufführung – wie sie der König zu Dutzenden veranstalten ließ – empfohlen, aber Ludwig II. setzte auch in diesem Fall seinen Willen durch. Die ungewöhnlich erfolgreiche Uraufführung am 26. Juni 1870 wurde wieder von Franz Wüllner dirigiert.

Im selben Sommer wurde Cosima mitgeteilt, dass sie gerichtlich von Hans von Bülow geschieden worden war. Am 25. August war es dann so weit: Richard Wagner nahm Franz Liszts Tochter Cosima in zweiter Ehe zur Frau. Die Trauung wurde in der protestantischen Kirche von Luzern gefeiert. Jetzt also hatte Wagner seine vollständige Familie, mit geliebter Frau und fünf Kindern, darunter der Stammhalter Siegfried. Zwar relativ spät – er war bereits 57 Jahre alt –, aber in einer für ihn geradezu idealen Vollständigkeit hatte sich jetzt sein Familienglück gefügt. Wenn auch Hans von Bülow noch länger unter dem Betrug der nahen Menschen litt und Franz Liszt in seiner katholischen Gläubigkeit manchen Einwand hatte, so war eine menschliche Bindung entstanden, die Richard selbst als Glücksfall empfand. Cosima hielt am Schluss ihrer *Tagebücher* sein Bekenntnis fest: »Alle 5000 Jahre glückt es«, womit er wohl ihre glückliche Ehe gemeint hatte.

Nietzsche, der insgesamt 23 Besuche in Tribschen machte, dem ein jederzeit verfügbares Gästezimmer bereitgestellt worden war und der gelegentlich für Cosima banale Botengänge zum Erwerb von Geschenken für Richard aufgetragen bekam, konnte diesem »großen Glück« keine rechte Freude abgewinnen, denn heimlich hatte er selber Ansprüche auf Cosima erheben wollen.

Der Philosoph hatte schon damals Einsicht in Wagners Festspielidee bekommen und von einer möglichen Verwirklichung in Bayreuth erfahren. Denn im März 1870 war Wagner von Hans Richter mit einem Artikel im Konversationslexikon unter »Markgräfliches Opernhaus Bayreuth« aufmerksam gemacht worden. Am 15. Dezember 1870 berichtete Nietzsche an Rohde: »Du kennst wohl auch aus deinem Besuche in Tribschen den Bayreuther Plan Wagners.« Parallel dazu hatte Nietzsche die Idee, »eine neue Form der Akademie in die Welt zu setzen«.

Inzwischen war das Diktat von *Mein Leben* so weit fortgeschritten und von Nietzsche Korrektur gelesen worden, dass ein erster Band im Verlag Bofantini in Basel gedruckt werden und zu Weihnachten an König Ludwig II., Franz Liszt und Gräfin Marie von Schleinitz als Geschenk übersandt werden konnte. Beim Weihnachtsfest in Tribschen ließ Richard am 25. Dezember, dem Tag nach Cosimas Geburtstag, das *Siegfried-Idyll* im Treppenhaus der Villa aufführen. Nietzsche war auch dabei; er gehörte schon fast zur Familie.

Im April 1871 traten Richard, Cosima und Hans Richter eine Reise nach Bayreuth an. Man stieg im Hotel »Zur Sonne« ab und besichtigte das barocke Markgräfliche Opernhaus, das Richard für seine Zwecke ungeeignet vorfand. Die Stadt aber akzeptierte

*Den Stammhalter fest im Arm: Vater Richard Wagner mit dem zehnjährigen
Sohn Siegfried, der nach der gleichnamigen Oper genannt wurde. Nach
Siegfrieds Geburt und der Legitimisierung seiner »wilden« Ehe mit Cosima
war das Wagnersche Universum endlich nach den Vorstellungen des
Komponisten geordnet.*

er sofort als Festspielort. In ihren *Tagebüchern* vermerkte Cosima:»Die Bayreuther Bevölkerung ist in vollem Aufruhr über sein Hiersein.« Auf seiner Weiterreise über Leipzig nach Berlin setzte Richard seinen Freund Karl Tausig, den Pianisten, als Geschäftsführer eines »Patronatsvereins« ein, der zur Finanzierung künftiger Festspiele aufgebaut werden sollte. In Berlin wurden Wagners sogar beim Reichskanzler Bismarck im Familienkreis empfangen, obwohl Richard dem Preußen stets feindlich gesonnen war. Entsprechend kühl fiel die Unterhaltung aus. »Ihn für mich gewinnen, meine Sache zu unterstützen, ihn bitten, kommt mir nicht bei«, teilte Wagner später dem Hofbeamten von Düfflipp mit. Auf der Rückreise kündigte Wagner dennoch in seiner Geburtsstadt Leipzig die ersten Bayreuther Festspiele für das Jahr 1873 an. In Bayreuth, war noch kein einziger Vertrag unterzeichnet worden. Aber er war sich seiner Sache hundertprozentig sicher und sprach sogar schon in Darmstadt mit Karl Brandt, der ihm im Festspielhaus die technische Einrichtung und später deren Leitung besorgen sollte.

Die weiteren Vorbereitungen zum Festspielhaus-Projekt bahnten sich von Tribschen aus in einer umfangreichen Korrespondenz mit wichtigen Stadtvertretern in Bayreuth an, hauptsächlich mit dem Gemeinderatsvorsitzenden und Bankier Friedrich Feustel. Mitte Dezember 1871 reiste Wagner zu mündlichen Verhandlungen nochmals nach Bayreuth. Eine Bauplatzbesichtigung, mit dem Hinweis der Stadtverordneten, dass der Grund »für den Bau eines Nationaltheaters« zur Verfügung gestellt werden solle, bewertete er positiv. Bankier Feustel und Bürgermeister Muncker aus Bayreuth besuchten den Komponisten Anfang Januar 1872 in Tribschen und schlugen einen anderen Bauplatz vor, weil der Erwerb des ersten nicht zu realisieren war. Da Richard wegen der Änderung verstimmt war, musste Cosima klug beschwichtigen und ihren Mann bitten, nochmals nach Bayreuth zu reisen.

Bei diesem Besuch vom 1. bis 3. Februar 1872 erwarb der Komponist das Grundstück am Bayreuther Hofgarten für seine private Villa gleich mit und akzeptierte den endgültigen und entschieden günstigeren Bauplatz für das Festspielhaus. Ein Verwaltungsrat der Festspiele wurde bei der Gelegenheit gegründet, und man begann mit der Ausgabe von »Patronats-Scheinen«.

Während Cosima im April 1872 in Tribschen auf gepackten Koffern saß, und Nietzsche seinen letzten Besuch abstattete, war Richard bereits am 27. April nach Bayreuth vorausgereist, um vorerst im »Hotel Fantasie« in der Nähe von Bayreuth zu logieren. Cosima kam Ende April mit den Kindern nach. Als nächstes musste die Grundsteinlegung des Festspielhauses vorbereitet werden.

Zu diesem Ereignis hatte Richard schon Tage zuvor Orchestermusiker nach Bayreuth eingeladen und Proben mit ihnen heimlich veranstaltet. Am Bauplatz goss es in Strömen, und die Miene des Bauherrn verdüsterte sich zusehends angesichts des schlechten Omens. Es war der 22. Mai, Wagners 59. Geburtstag. Auch Nietzsche und seine Freunde Rohde und von Gerstorff waren dabei. Zum Festakt im Markgräflichen Opernhaus dirigierte Wagner die 9. Symphonie von Ludwig van Beethoven und hielt eine bewegende Ansprache. Dann folgte ein Festbankett im Gasthof »Sonne«.

Im Laufe des Sommers beendete Richard das Diktat zum zweiten Band von *Mein Leben*. Ende September bezog er mit der ganzen Familie das Haus Dammallee Nr. 7 in Bayreuth, wo bald Franz Liszt sie besuchte. Cosimas Vater kam zwar zur Versöhnung, aber seine unterschwelligen Vorwürfe erzeugten Spannungen zwischen den Eheleuten. In künstlerischen Dingen waren sich Cosima und Richard allerdings einig und reisten gemeinsam in deutsche Theaterstädte, um geeignete Künstler für die geplanten Festspiele auszusuchen. Noch bevor sie von dieser Reise im Dezember 1872 zurückkehrten, hatte der Bayreuther Magistrat für Wagner den Bürgerbrief ausgefertigt. Das war alleine schon wegen der Grundstückskäufe nötig.

Zu Beginn des nächsten Jahres war der künftige Festspielleiter wieder viel auf Reisen, obgleich sich schon erste Anzeichen seiner Herzerkrankung eingestellt hatten. Verschiedene Gastdirigate in Hamburg, Berlin und Köln hatten den Zweck, möglichst viele gute Musiker und Sänger für Bayreuth zu gewinnen und seine Festspielidee bekannt zu machen und um Unterstützung zu werben. In Berlin lernte er im Haus des Ministers von Schleinitz, anlässlich einer Vorlesung seiner *Götterdämmerung*, unter anderem Feldmarschall Moltke, den Physiker Helmholtz und den Maler Adolf Menzel kennen.

Seinen 60. Geburtstag feierte Wagner schon ganz im Bewusstsein seines künstlerischen Ranges. Der Freund Peter Cornelius aus Wien hatte unter Verwendung von Kompositionen Wagners eine »Künstlerweihe« arrangiert, die im Markgräflichen Opernhaus aufgeführt wurde.

Zum Richtfest des von dem Leipziger Architekten Otto Brückwald errichteten Bayreuther Festspielhauses, am 2. August 1873, kam auch Franz Liszt, der noch bei der Grundsteinlegung gefehlt hatte. Es wurde ein Volksfest mit Feuerwerk und Vergnügen daraus. Bald aber drohten die Bauarbeiten wegen Geldmangels ins Stocken zu geraten. Wagner musste wieder einmal in München bei König Ludwig um Hilfe bitten.

Ohne sich von den immensen Schwierigkeiten bei der Verwirklichung seines Lebenstraums einschüchtern zu lassen, fand Wagner zwischendurch noch Zeit, ein so privates Werk wie den *Kinderkatechismus* zu komponieren, der dann zu Weihnachten im Familienkreis und unter Beteiligung der vier Töchter aufgeführt wurde.

Kaum begonnen, stand das Festspielhaus-Unternehmen Anfang des Jahres 1874 bereits vor dem Ruin. Das Hofsekretariat in

München hatte die Übernahme einer finanziellen Garantie für Bayreuth abgelehnt. Ein möglicher Ausweg, den Kaiser in Berlin anlässlich des mit Frankreich abgeschlossenen Friedens für Festaufführungen in Bayreuth zu gewinnen, schlug ebenfalls fehl. Dann trat erneut König Ludwig II. mit dramatischer Geste für Wagners Werk ein: »Nein! Nein und wieder nein! So soll es nicht enden; es muss da geholfen werden! Es darf Unser Plan nicht scheitern«, schrieb der König am 25. Januar 1874 an Richard und rettete mit seiner Bereitschaft den Fortgang der Baumaßnahmen am Festspielhaus. Dem königlichen Wort folgte ein Kredit von 100 000 Talern. Die später erforderliche Bürgschaftssumme von über 200 000 Mark wurde von Wagner und seinen Erben aus dem Etat des Festspielhauses in Raten vollständig zurückbezahlt.

Parallel zum Bau des Festspielhauses auf dem »grünen Hügel« war am Rande des Hofgartens das Privathaus der Wagners, die Villa Wahnfried errichtet worden. König Ludwig hatte auch dazu 25 000 Taler beigesteuert. Am 28. April 1874 konnte die Familie in dieses nach eigenen Vorstellungen erbaute Haus einziehen, das in seiner großbürgerlichen Pracht zum privaten Repräsentationsort für die ersten Festspiele werden sollte. Aber auch als Probensaal eigneten sich die riesige Halle und die große Bibliothek mit Ausblick auf den Hofgarten vorzüglich. Schon in der Zeit der Vorbereitung der ersten Festspiele wurde das Haus zur Schaltzentrale der künstlerischen Macht, die es heute ist. In der Nähe der Villa Wahnfried wurde von freiwilligen musikalischen Mitarbeitern die so genannte Nibelungen-Kanzlei untergebracht, eine Art Künstlerbüro, in der damals der Pianist Joseph Rubinstein, der Musiker und spätere Direktor des Konservatoriums in Athen, Demetrius Lalas und die später bekannt gewordenen Dirigenten Hermann Zumpe und Anton Seidl Zuarbeiten für Wagner erledigten.

Bei einer Reise Mitte Februar 1875 nach Wien – in der Karnevalszeit also –, wurden Richard und Cosima Wagner erstmals zu einem Atelierfest bei dem Maler Hans Makart eingeladen. Was der Komponist dort sah und erlebte, erweckte – wie später noch einige Male bei dem Malerfürsten Franz von Lenbach in München oder Adolf Menzel in Berlin – seine Sympathie in punkto Selbstdarstellung. Wagner betrachtete berühmte Künstler als Vertreter eines Geistesadels, den er dem traditionellen Blutsadel gegenüberstellte, den »Blaublütern« die zwar noch Teile früherer Macht in Händen hielten, aber in den wenigsten Fällen besondere Leistungen hervorbrachten.

Sich mit Luxus zu umgeben, empfand Richard in den späteren Jahren geradezu als Stimulanz für seine künstlerische Arbeit. Früher hatte er für die kleinsten Annehmlichkeiten des Lebens Schulden machen müssen, und er schämte sich dieser Bedürftigkeit. Nun berauschte er sich voller Selbstbewusstsein an den schönen Dingen des Lebens, wie das Publikum sich später auch an seiner Kunst berauschte. Im heraufziehenden Zeitalter des Kapitalismus und des Individualismus konnte die herausragende geistige Leistung eines Menschen nicht nur die Anerkennung, sondern auch die Finanzierung beanspruchen. So dachte sich zumindest Richard Wagner sein Verhältnis zu Staat und Gesellschaft. Beide teilten seine Meinungen anfangs nicht. Es waren immer einzelne Menschen, die spürten, welche Bedeutung Wagners Werk hatte, und es als Mäzene förderten. Nach wie vor war König Ludwig von Bayern – trotz Intrigen, Missverständnissen und Lästigkeiten – einer jener Hellsichtigen, die Wagners musikdramatisches Schaffen von Anfang an in seiner Einzigartigkeit erkannten und unterstützten. Zum Zeichen seiner großen Wertschätzung ließ der König im Juli 1875 seine eigene Bronzebüste liefern und vor Wahnfried aufstellen.

Im Garten hinter der Villa feierten die Wagners – nach unendlichen Mühen einer Vorprobenzeit im Jahr 1875 und der Beendi-

1875 wurde das Festspielhaus in Bayreuth fertig gestellt, ein Jahr später fanden die ersten Festspiele statt – ein jährlich wiederkehrendes Ereignis, das bis ins 21. Jahrhundert hinein von der Familie Wagner am Leben erhalten werden sollte.

gung des Baus am Festspielhügel – mit sämtlichen 140 beteiligten Künstlern ein großes Fest, das den Anwesenden zeitlebens in Erinnerung geblieben sein dürfte. Für Richard war dies aber nicht nur Ausdruck seiner Dankbarkeit für die im Übrigen nur gering entlohnten »Mitwirkenden«, sondern auch Zeichen seiner zentralen Stellung als Urheber und Veranstalter, als Organisator und Regisseur, als Musiker und Komponist sowie als Vater und Familienoberhaupt.

Jetzt hatte Wagner alles Wünschenswerte beisammen: eine große Familie und eine riesige Künstlergemeinschaft; dazu sein Festspielhaus und seinen Familienstammsitz Wahnfried. Von Macht zu sprechen, hieße ihre Bedeutung weit überschätzen, aber an beginnenden Weltruhm zu denken, traf die Sache schon ziemlich genau. Denn bereits am 8. Februar 1875 kam ein Kompositionsauftrag aus den Vereinigten Staaten: Zur Feier des 100-jährigen Jubiläums der Unabhängigkeit Amerikas sollte Wagner für 5000 Dollar einen Festmarsch komponieren, der zum Festtag, am 4. Juli 1876, in Philadelphia uraufgeführt wurde.

Schließlich der Höhepunkt! Es kam in der oberfränkischen Provinz, im Bayreuth des Jahres 1876, zu nicht weniger als einem Jahrhundertereignis, zu den ersten Bayreuther Festspielen. Die eigentlichen Proben dafür begannen am 3. Juli. Zu den Generalproben reiste König Ludwig II. nachts fast heimlich mit einem Sonderzug aus München an. Die Premieren begannen am 13. August mit *Rheingold* und endeten am 30. des Monats mit der *Götterdämmerung*. Zwischendurch fand ein großes Bankett für 700 Gäste in der Festspielhaus-Restauration statt, wo Wagner in seiner Rede auf den Freund und Schwiegervater Franz Liszt deutete und sagte:»Hier ist derjenige, ohne den sie heute vielleicht keine Note von mir gehört hätten.« Es waren nicht nur zahlreiche Berichterstatter und Wagnerfreunde in Bayreuth, sondern auch erlauchte Persönlichkeiten wie Kaiser Dom Pedro II. von Brasilien, Kaiser Wilhelm I., der König von Württemberg, Großherzog Carl Alexander von Sachsen-Weimar, daneben Fürsten und Patrone wie Gräfin Marie von Schleinitz und andere.

Die Anstrengungen eines solch einmaligen Unternehmens waren für die gesamte Familie Wagner nahezu übermenschlich, und so begab man sich nach Ende der Festspiele in den verdienten Urlaub nach Süditalien. Leider kam bald auch die ernüchternde Nachricht, dass die Veranstaltung ein Defizit von etwa 150000 Mark erbracht hatte.

In Sorrent begegnete Richard im Oktober ein letztes Mal Friedrich Nietzsche mit seinen Freunden. Er ahnte nicht, wie endgültig sich der junge kranke Philosoph von ihm trennen wollte.

Das südländische Klima und den Abstand zum turbulenten

Theaterbetrieb in Bayreuth genoss er im Kreis der gesamten Familie in vollen Zügen. Untätig war er deshalb freilich nicht. Er hatte schon neue Kompositionspläne dabei. Und das geschichtsträchtige Land interessierte ihn nicht nur als Erholungsort. Sorrent, Neapel, Rom, Florenz und Bologna waren Stationen für zahlreiche Besuche und Unternehmungen.

Auch nach der Italienreise gab es immer wieder wichtige Gründe, das herrliche Domizil in Bayreuth zu verlassen. Die Schulden aus dem Festspieldefizit drückten so sehr, dass der Hausherr einige Einladungen zum Dirigieren annahm. Im Mai 1877 war er in London und wurde nach den Konzerten sogar auf Schloss Windsor von der britischen Königin Viktoria empfangen. Der Ertrag der Konzerte belief sich auf 700 Pfund, etwa zehn Prozent des Bayreuther Defizits.

Zurück in Bayreuth, wurde am letzten Musikdrama, dem *Parsifal* gearbeitet. Anfang Juli schon las Richard einem kleinen Kreis von Freunden in Heidelberg die Dichtung zu seinem »Bühnenweihfestspiel« vor. Die ganze Familie war mitgereist.

Scheinbar abseitige Ideen wie der so genannte Schulplan (eine Gesangsschule für Wagnersänger), den Wagner am 15. September 1877 im Festspielhaus den Delegierten der Wagner-Vereine vortrug, zielten auf den Erhalt seines künstlerischen und kompositorischen Schaffens. Es sollte garantiert werden, dass seine musikdramatischen Werke vom *Holländer* bis zum *Parsifal* innerhalb der nächsten sechs Jahre zur Aufführung kommen sollten. Den Plan für eine Hochschule in eigener Sache legte er vor, damit »Sänger, Musiker und Dirigenten zur richtigen Aufführung ähnlicher Werke wahrhaft deutschen Stiles verständnisvoll zu befähigen« seien. Wenig später wurde unter dem Titel *Monatsschrift des Bayreuther Patronatsvereins*, bald unter dem geläufigeren Namen *Bayreuther Blätter*, eine Hauszeitschrift gegründet, die intellektuell das Erbe von Bayreuth weitertragen sollte.

Während Wagner an seinem großen »Schwanengesang«, dem *Parsifal* komponierte, vergaß er nicht, sein Haus in jeder Hinsicht zu bestellen, um wie geplant nach der Uraufführung des *Parsifal* 1883 von der »Bühne der Welt abtreten« zu können.

Wegen der weiterhin bestehenden Schulden hatten die zweiten Festspiele im Jahr 1877 nicht stattfinden können. Richard war ziemlich mutlos geworden und trug sich mit dem Gedanken an eine Auswanderung nach Amerika. Cosima hielt Gespräche darüber in ihren Tagebüchern fest. Vor den Vertretern des »Bayreuther Patronatsvereins« entwarf Wagner im September 1878 ein düsteres Bild: »Wir sind in einem schrecklichen Zustand. An eine Hülfe von Seiten des Reichstages ist nicht zu denken. Im Reichstag ist nicht *ein* Mensch, der weiß, worum es sich für uns handelt. Bismarck würde wohl sagen, wenn wir eine Unterstützung begehrten: Wagner hat genug gehabt; viele Fürsten, der Kaiser selbst war da, um seine Aufführungen zu besuchen; wohin will der Mann?«

Ja, wohin wollte dieser Mann, dem nur noch wenige Jahre vergönnt waren? Er regte noch einige Dinge an, die sein Lebenswerk für die Zukunft sichern sollten.

Am Ende des Jahres klingt sein Brief an den bayerischen König trostlos wie Weltabschied: »Ich hoffe nicht mehr auf den ›deutschen Geist‹, auf den ich noch bei der Widmung meines Nibelungenwerkes Vertrauen ankündigen zu dürfen glaubte: ich habe meine Erfahrung und – schweige. Ich hoffe weder auf Pommern noch auf die Mark Brandenburg, noch auf sonst eine Provinz dieses merkwürdigen deutschen Reiches: ich hoffe selbst nicht mehr auf die Markgrafschaft Bayreuth. Aber – ich schließe meinen Frieden mit der Welt, dessen erste Klausel heißt: sie lasse mich in Ruhe!«

Seit 1876 gab es einen Briefwechsel zwischen Wagner und der aus Tribschen schon bekannten jungen Judith Gautier, in dem so etwas wie ein letzter zarter Liebesfrühling zum Ausdruck kommt.

Es wurde zwar von Küssen und Umarmungen geschrieben, aber in Wirklichkeit war es nichts weiter als eine letzte erotische Beschwörung der schwindenden Lebensgeister. Nachdem die verbalen Flammen verglimmt waren, übernahm Cosima die Antwortbriefe nach Paris und trat die letzten Fünkchen Glut aus.

Während Wagner stil- und zielsicher an seinem *Parsifal* weiterarbeitete, übernahm Cosima immer mehr die für ihren Mann lästigen Angelegenheiten, aber auch so wichtige Dinge wie die Verhandlung über einen Tantiemenvertrag mit der Münchner Hofoper. Für alle Aufführungen von Wagnerwerken musste man Tantiemen abführen, um das Bayreuther Defizit abzutragen, obwohl König Ludwig schon einmal den *Ring* von Wagner gekauft hatte. Ein Urheberrecht im heutigen Sinne gab es damals noch nicht. Alle Abmachungen in künstlerischen Angelegenheiten beruhten auf dem guten Willen der Vertragsparteien.

Zu Cosimas Geburtstag hatte Richard Wagner 1878 ein weiteres Mal die Weihe des Hauses Wahnfried beschworen, indem er vom Meininger Hoforchester das Vorspiel zum ersten Aufzug des *Parsifal* mit einem eigens dafür komponierten Konzertschluss erklingen ließ.

Liszt spielte am 28. August 1879 zu Goethes 130. Geburtstag in Wahnfried seine *Faust-Symphonie* auf dem Klavier vor und verwandelte Wagners Bibliothek in einen musikalischen Salon vergangener Tage. Wagner hingegen pflegte eigene Erinnerungen und schrieb im Oktober desselben Jahres an König Ludwig über Cosimas Beschäftigung:»Dabei führt sie für unseren Sohn ein ungemein genaues Tagebuch, worin jeder Tag im Betreff meines Befindens, meiner Arbeiten, meiner gelegentlichen Aussprüche usw. aufgezeichnet ist.«

Diese Tagebücher sollten lange Zeit unter Verschluss bleiben, denn Cosimas Tochter Eva ließ sie testamentarisch bis 1972 in einem Banktresor verwahren.

Am 20. Oktober 1879 nahm der angehende Dichter und Philosoph Heinrich von Stein seine Tätigkeit als Hauslehrer des zehnjährigen Siegfried Wagner auf. Der Privatlehrer war selbstverständlich mit dabei, als die Familie wieder nach Italien reiste. Am 4. Januar 1880 in Neapel eingetroffen, bezogen die Wagners die Villa Angri am Posilippo. Der russische Maler Paul von Joukowsky sprach hier vor und wurde alsbald in die bildnerische Ausstattung des gerade entstehenden *Parsifal* einbezogen. Als Richard im Park des Palazzo Rufolo sogleich »Klingsors Zaubergarten« und beim Anblick des Doms von Siena den »Gralstempel« im *Parsifal* assoziierte, zeichnete der Russe entsprechende Skizzen. 1882 entstanden daraus die Bühnenbildentwürfe zum *Parsifal*.

Ein anderer Gast, Engelbert Humperdinck, der gerade auf Studienreisen in Italien war, besuchte den berühmten Komponisten in Neapel. Er folgte der Familie nach Bayreuth, wurde Mitglied der »Nibelungen-Kanzlei« und *Parsifal*-Kopist, wirkte bei den zweiten Bayreuther Festspielen 1882 mit und übernahm ab 1889 Siegfried Wagners musikalische Ausbildung. Auch die Hausfreundin Malwida von Meisenbug, die früher gerne die jungen Philosophen um Friedrich Nietzsche in Italien um sich scharte, war öfter bei den Wagners in Neapel zu Gast. Ihm waren die häufigen Besucher meist recht, denn er brauchte stets neue Ansprechpartner und Publikum, um seine Ideen und künstlerischen Pläne zu diskutieren.

Doch trotz der anregenden Gespräche, der herrlichen Umgebung und des schönen Wetters war er sehr mutlos und schrieb dem königlichen Freund nach München: »Diese nutzlosen Bemühungen um den Gewinn der Mittel zu einer dauernden Stiftung, welche nun einmal der elende Zustand der deutschen ›Nation‹ nicht zu gewähren vermag, machen mich endlich rasend, und ich bin entschlossen, nur um von allem diesen nichts mehr zu hören, der Sache ein gründliches Ende zu machen.«

An Richards 67. Geburtstag wurde erstmals in Neapel eine improvisierte Hausaufführung der »Gralsszene« aus dem ersten Akt des *Parsifal* präsentiert, bei der neben dem Vater und seinen Töchtern auch Humperdinck am Klavier mitwirkte. Solche künstlerischen Privatfeiern waren in dieser um wenige Freunde erweiterten Familie möglich, die tatsächlich so etwas wie eine verschworene Gemeinschaft bildete.

Als bei Richard nach vielen Jahren wieder einmal die Gesichtsrose ausbrach, entschied man sich zur raschen Heimkehr. Die Reise führte über Rom, San Marcello, Pistoja und Florenz, wo in der Villa Torre Fiorentina Einzug gehalten wurde. Auch Franz Liszt fand sich dort ein, um ein »ungemein harmonisch verlaufendes Zusammensein mit Wagner« zu erleben. In Venedig lebte die Familie bis Ende August im Palazzo Contarini am Canal Grande. Nach einem Aufenthalt in München – mit Besuch bei Hermann Levi, auf Lenbachs Atelierfest und in der Loge des Hoftheaters mit König Ludwig – traf die Familie wieder in Bayreuth ein.

Während der fortschreitenden Arbeit am *Parsifal* entschloss sich Wagner noch im Jahre 1880, für den Sommer 1882 neue Festspiele anzukündigen, die ausschließlich das »Bühnenweihfestspiel« auf dem Programm haben sollten. *Parsifal* war jetzt laut Schutzrecht für 30 Jahre nach Wagners Tod ausschließlich dem Bayreuther Festspielhaus vorbehalten. Der damalige »Pressechef« Wagners, Hans von Wolzogen, hatte im Februar 1881 etwas voreilig in Umlauf gesetzt, dass ein Plan bestünde, die deutschen Fürsten zu Schirmherren der nächsten Festspiele zu machen. Als König Ludwig II. davon erfuhr, war er nicht etwa böse auf den Künstlerfreund, sondern setzte sich selbst als alleinigen Protektor des Unternehmens an die Spitze. Er verzichtete sogar auf das bereits 1878 erworbene Recht, den *Parsifal* in München aufführen zu lassen, und versprach darüber hinaus, weitere Hilfe für Bayreuth.

Der König stellte sogar seine Hofkapelle unter der Leitung von Hermann Levi als Festspielorchester zur Verfügung. Schon ab Ende Juni wohnte Levi in Wahnfried, wurde jedoch alsbald durch einen anonymen Brief an Wagner denunziert: Levi habe ein Verhältnis mit Cosima, und Wagner solle sein Werk »rein erhalten und es nicht von einem Juden dirigieren lassen«. Wagner meinte, indem er Levi den Brief zeigte, die elende Verleumdung vergessen machen zu können. Der Dirigent jedoch fühlte sich so sehr gekränkt, dass er am nächsten Tag nach Bamberg abreiste. Von dort rief ihn Wagner mit einem beschwörenden Brief wieder zurück: »Um Gottes Willen, kehren Sie sogleich um und lernen Sie uns endlich ordentlich kennen! Verlieren Sie nichts von Ihrem Glauben, aber gewinnen Sie auch einen starken Mut dazu! Vielleicht – gibt's eine große Wendung für Ihr Leben – für alle Fälle aber – sind Sie mein *Parsifal*-Dirigent!«

Der ganze Aufruhr war jedoch keine Privatangelegenheit. Nietzsches Schwager, Dr. Bernhard Förster, hatte sich mit antisemitischen Parolen an die Öffentlichkeit gewandt, der so genannten Förster-Petition. Der jüdische Theaterdirektor Angelo Neumann, der in Berlin große Zyklen mit Aufführungen des gesamten *Rings* vorbereitete, wandte sich deshalb an Wagner und erhielt die Auskunft: »Der gegenwärtigen ›antisemitischen‹ Bewegung stehe ich vollständig fern: ein nächstens in den *Bayreuther Blättern* erscheinender Aufsatz von mir wird dies in einer Weise bekunden, dass *Geistvollen* es sogar unmöglich werden dürfte, mich mit jener Bewegung in Beziehung zu bringen.«

Dennoch ist nicht zu leugnen, dass sein Werk Rassentheoretiker anzog. So besuchte ihn beispielsweise Graf Gobineau ab 1881 mehrfach in Bayreuth; allerdings blieb der Einfluss dieser Demagogen gering, da das Werk so gut wie abgeschlossen war. Dass sich dennoch in der nächsten Generation um Wagners Schwiegersohn Housten Steward Chamberlain ausgeprägte Ras-

Erziehungsanstalt, Familiensitz, Werkstatt der Gefühle: Wahnfried um 1874.

sentheorien manifestierten, die wiederum Adolf Hitler mit dem Werk und der Familie Wagners verknüpften, ist vielleicht symptomatisch, aber sicher nicht der Urheberschaft durch Wagner anzulasten. Selber ging Wagner mit Juden – wie zum Beispiel mit seinem *Parsifal*-Dirigenten, Hermann Levi – pragmatisch um. Wagner brauchte ihn – wie später auch Cosima – für Bayreuth, und deshalb war und blieb Levi Dirigent und Freund des Hauses Wagner, bis er selbst ging.

Im Herbst 1881 brach der ganze Familien-Clan, einschließlich einiger Mitarbeiter und Freunde, erneut nach Italien auf. Das Ziel war diesmal Palermo, wo man sich im »Hotel des Palmes« einquartierte. Im Januar 1882 besuchte ihn dort Auguste Renoir, der französische Impressionist, um eine Porträtskizze von ihm zu machen, die später als Vorlage für ein farbiges Ölbild diente.

Trotz der immer öfter auftretenden Herzbeschwerden arbeitete Wagner in Italien beständig an der Orchestration seines *Parsifal* weiter, die sogleich von Joseph Rubinstein in einen Klavierauszug übertragen wurde. Die Rückreise über Neapel und Venedig zog sich den halben Monat April hin, sodass die Wagners, mit weiterem kurzen Aufenthalt in München, erst am 1. Mai 1882 wieder daheim waren. Richards letzter Geburtstag am 22. Mai wurde zu seiner großen Überraschung musikalisch umrahmt. Engelbert Humperdinck hatte den Wagnerkindern die »Stimmen aus der Höhe« aus dem ersten Aufzug des *Parsifal* einstudiert.

Am 2. Juli begannen die Proben für die zweiten Bayreuther Festspiele, allerdings ohne die Münchner Hofkapelle, sondern mit einem Orchester aus verschiedenen Stadttheatern unter der Leitung von Hermann Levi. Zu den Generalproben kamen Anton Bruckner und Richard Strauss. Die Uraufführung des *Parsifal* fand am 26. Juli statt, und das Werk wurde bis zum 26. August noch 15-mal wiederholt. Bei der letzten Aufführung dirigierte Wagner intuitiv die letzten 23 Takte des »Bühnenweihfestspiels« selber, das einzige Mal im Bayreuther Festspielhaus. Die ergreifenden Aufführungen des *Parsifal* erlebten so berühmte Gäste wie Eduard Hanslick, Angelo Neumann, Franz Liszt, Anton Bruckner, Leo Delibes, Camille Saint-Saëns, Elisabeth Nietzsche, Lou von Salomé, Malwida von Meysenbug und der junge Gustav Mahler, der ein Jahr später schrieb: »Als ich, keines Wortes fähig, aus dem Festspielhaus hinaustrat, da wusste ich, dass ich es [das *Parsifal*-Erlebnis] unentweiht mit mir durch mein Leben tragen werde.«

Wegen Richards neuerlicher Herzbeschwerden zog die ganze Familie ein letztes Mal nach Venedig, um im Palazzo Vendramin Calergi ihre Winterresidenz zu beziehen. Die schwarzen Gondeln schaukelten wie stets vor dem Palast am Canal Grande.

Zum 45. Geburtstag von Cosima, hatte sich Richard eine ganz besondere Überraschung ausgedacht. Er dirigierte am 25. Dezember im »Teatro la Fenice« mit einem Schülerorchester seine fast 50 Jahre lang nicht mehr erklungene *Symphonie in C-Dur*. Am Abend des 12. Februar las Wagner im Kreis seiner Familie aus Fouqués Märchen *Undine* vor. Dabei wurde Wagner von Joukowsky in einer Bleistiftzeichnung festgehalten. Am nächsten Tag, am Nachmittag des 13. Februar 1883 verstarb das Theatergenie des Jahrhunderts in den Armen seiner Frau Cosima an Herzversagen. Seine Leiche wurde mit königlichen Ehren und feierlichem Geleit zuerst auf schwarzen Gondeln, dann mit dem Zug bis München und weiter nach Bayreuth gebracht. Schon an der bayerischen Grenze hatte der Beauftragte Ludwigs II. den Trauerzug empfangen, um die Kränze des Königs zu überbringen. In Bayreuth wurde der Sarg von den Honoratioren der Stadt empfangen und auf einem Vierspänner vom Bahnhof bis zur Grabstätte im Garten der »Villa Wahnfried« unter großer Anteilnahme der Bevölkerung durch die Stadt geleitet. Es war der 18. Februar, an dem Richard Wagners »Wähnen Frieden fand«. Angelo Neumann schrieb: »Mir war es, als hätte ein Gott uns verlassen: und alles, was da in Bayreuth geschah, hätte ebenso gut einem wackeren Bürger dieser Stadt gelten können.«

4. COSIMA WAGNER UND DER FAMILIENCLAN

Noch an seinem Todestag, am 13. Februar 1883, hatte Richard einen Aufsatz mit dem Titel: »Über das Weibliche im Menschlichen« begonnen und mit dem Satz abgebrochen: »Gleichwohl geht der Prozess der Emanzipation des Weibes nur unter ekstatischen Zuckungen vor sich. Liebe – Tragik.« Dann brach er an einem Herzinfarkt zusammen.

Cosima, die im Nebenzimmer gerade das *Lob der Tränen* von Franz Schubert am Klavier spielte, stürzte ins Zimmer, stieß sich an dem halb geöffneten Türflügel mit solcher Gewalt, dass ihr der Schmerz wie von einem elektrischen Schlag durch den ganzen Körper gefahren sein muss, und die scheppernde Türe dabei fast zerbarst. Richard war nicht mehr zu retten und starb in ihren Armen, wie von ihm bereits 1878 visionär und lapidar zugleich vorausgesagt: »Du wirst sehen, ich sterbe dir unter der Hand weg.«

Über Cosimas Verfassung kurz nach Richards Tod schrieb der Maler und Hausfreund Paul von Joukowsky: »Sie ist den ganzen ersten Tag und die erste Nacht mit ihm allein gewesen. Dann ist es dem Doktor gelungen, sie in ein anderes Zimmer zu bringen. Seitdem habe ich sie nicht mehr gesehen, werde sie nie mehr sehn ... Da ihr sehnlichster Wunsch nicht in Erfüllung ging, mit ihm zu sterben, so wird sie wenigstens tot sein für alle Übrigen und das Leben führen, welches ihr einzig gemäß ist, das einer Nonne, welche ihren Kindern noch ein himmlischer, stündlicher Trost ist. Das ist groß und ganz wie alles, was sie getan.« Cosima, die noch nicht ganz 46-Jährige, wollte mit dem Leben abschließen. Sie konnte sich ein Leben ohne Richard nicht vorstellen. Dann aber erkannte sie, dass ihr nach seinem Tod eine große, neue Aufgabe zukam: das Werk ihres Mannes in aller Welt bekannt zu machen, ihren Sohn Siegfried zum Statthalter heranzubilden und ein Vermächtnis zu schaffen, das sie als Familienerbe weitergeben konnte.

Immer hatte sie danach gestrebt, im Dienst an der Musik – oder eben auch im mittelbaren Dienst an der Kunst – all ihre Fähigkeiten und Kräfte einzubringen. Ihr scheinbar unmoralischer Lebenswandel mit Ehebruch und Künstlerliaison diente einzig diesem Ziel. Das Vorbild der eigenen künstlerisch-egomanen Eltern mag dazu beigetragen haben, dass Cosima auch für ihr eigenes Leben kleinbürgerliche Moral nicht anerkannte.

Das eigentliche Instrument für ihren Ehrgeiz, die Leitung der Richard-Wagner-Festspiele in Bayreuth, bekam Cosima erst als Witwe in die Hand. Aber war sie eigentlich alleine durch ihre Geburt als Tochter eines Klaviervirtuosen zur Intendantin eines Festspielhauses legitimiert?

»Dass Cosima Wagner alle Wirklichkeiten in Möglichkeiten zu verwandeln wusste, macht sie, jenseits der Legenden und nachträglichen Harmonisierung, zur großen Zeitgenossin«, schrieb Hans Mayer 1976 in seinem Jubiläumsbuch *Richard Wagner in Bayreuth*. Und Cosima hat die Realitäten des künstlerischen Wagner-Erbes zu Möglichkeiten ihrer persönlichen Lebensaufgabe für ein nationales Kulturerbe gemacht.

Cosima konnte sich immer als Fremde fühlen. Ihr Taufname wurde vom heiligen Cosmas und vom Geburtsort am Comer See wie selbstverständlich hergeleitet. Ihr Familienname war nicht so leicht zu finden;»d'Agoult« durfte und »Liszt« konnte sie nicht heißen. Also wurde sie zunächst nach dem Mädchennamen ihrer Mutter Flavigny genannt und hieß erst 1844 Cosima Liszt, nachdem ihr Vater sie legitimiert hatte. Cosima wuchs mit fremdsprachigen Gouvernanten auf. Um ihre Entwurzelung vollständig zu machen, durfte sie nicht nur nicht bei ihrer schriftstellernden Mutter leben, sondern hatte in Franz Liszt noch nicht einmal einen legitimen Vater, da sich der berühmte Klaviervirtuose 1839 bereits wieder von der französischen Gräfin getrennt hatte. Zurecht fühlte Cosima, dass sie nie Vater oder Mutter gehabt hatte. Die in ihrer Jugend und in der Ehe mit Hans von Bülow herumgestoßene Frau erhielt ihre künstlerische Ausbildung bei Richard Wagner. Nicht um das Handwerk der Musik zu erlernen, sondern um Erfahrungen im Umgang mit künstlerischer Macht zu erwerben. Ohne Cosima, die in der Wahnfried-Familie und im Erbe Wagners den Sinn ihres Lebens gefunden hatte, wäre der Musentempel in Bayreuth nicht zum Festspielhaus für die Welt geworden.

Am Anfang sahen die Wagnerianer in Cosima jedoch eine »Fremde«. Noch 1896 schrieb Martin Plüddemann, der sich um die Tilgung des Festspieldefizites von 1876 Verdienste erworben hatte, an Ludwig Schemann: »Cosimas Geist, fürchte ich, ist schließlich das Grab des wahren Bayreuther Geistes. Den Schlüssel zu diesem Rätsel bildet der lakonische Ausspruch des mit ihr innig befreundeten Joseph Rubinstein zu mir: Ich halte sie für gänzlich unmusikalisch! – Wagners Werke können voll aber nur aus dem tiefsten Grunde des deutschen Gemütes, der deutschen Musik verstanden und wiedergegeben werden ... Überall, seit C. wirklich am Ruder, ist die Rede von theatralischen Wirkungen, szenischen Verbesserungen etc., nicht von der Musik ... Gefährlicher ist der Bayreuther Internationalismus, wie er durch Cosimas echt französisches, jedenfalls vom Wirbel bis zur Zehe undeutsches Wesen zum Verderben von Bayreuth heraufgeschworen wurde!«

Mag sein, dass Cosima den Festspielen, die sie ja noch im Todesjahr ihres Mannes übernehmen musste, eine Richtung gab, die vielen Wagnerianern nicht passte. Entscheidend aber war, dass sie die Energie aufbrachte, das Familienunternehmen in eine lebendige Festspieltradition zu überführen.

Die Idee, Franz Liszt und Hans von Bülow in die Leitung der Festspiele zu berufen, war für Wagnerianer verlockend, aber wegen der privaten Konstellationen unmöglich. Auch hätte die schöpferische Potenz Franz Liszts einem bewahrenden Musentempel wohl im Wege gestanden, da die »Neudeutsche Schule« um Liszt auf kompositionsgeschichtliche Entwicklung abzielte und nicht als »Wagner-Schule« in Bayreuth hätte stehen bleiben können.

Mit der »natürlichen« Erbfolge Cosimas waren die Bayreuther Festspiele als schöpferisches Forum ausgeschieden. Aber zur Vertiefung von Wagners Werk im Sinne des Meisters war wohl niemand besser geeignet als sie selbst. Sie etablierte die Dynastie Wagner, die sie zusammen mit ihrem genialen Ehemann begründet hatte. Noch am Todestag Wagners brach sie abrupt das große Projekt ihrer Tagebücher ab, um sich der neuen Aufgaben, sich und in Zukunft dem Sohn Siegfried, mit ebensolcher Akribie zu verschreiben.

Deshalb schwört Cosima in ihrem Brief an die bereits verheiratete Tochter Daniela alle ihre Kinder noch im Todesjahr des Vaters auf das kulturelle Erbe von Bayreuth ein: »Lebt nun für Siegfried, meine Kinderchen! Alle eure Gedanken seien hierauf gerichtet; es ist eine schwere, aber eine herrliche Aufgabe, und ihr werdet, sie ständig erfüllend, mich stets bei euch fühlen ... Sorgt für Siegfried, dies mein erstes und letztes; euer erstes Erwachen am Tage sei für ihn, euere erste Tätigkeit, euere schönste Sorge, Kinderchen, sollte ich euch zu verlassen haben, ich denke, ihr werdet freundlich zu unsrer Ruhestätte blicken und euch sagen:

sie sind, wir sind vereint, ja wir sind es, bleiben es, in Ewigkeit!«
Das war nicht nur ein Programm, sondern teilweise sogar ein Abschiedsbrief, in jedem Fall aber ein Vermächtnis, das die Wagner-Dynastie ab sofort befestigen wollte. Wagners Sohn Siegfried sollte gleich Lohengrin in die »Gralsburg« des Festspielhauses als »Gralskönig« eingesetzt werden.

Deshalb schon frühzeitig der beschwörende Ton in Cosimas Briefen an ihren Sohn: »Mein gesegnetes Kind! Habe Dank und immer wieder Dank! Mit Engelsstimmen möchte ich es dir, mein Teuerstes, sagen. Sei jeder deiner Schritte gesegnet! Jedes Wort, jeder Atemzug! Du teure Freude, du mein Segen! Ach, mein Siegfried. Friede meines Herzens – Sieg der Liebe. Wie möchte ich dich anrufen, um meinem Herzen zu genügen, um mir es selber zu sagen, was du mir bist!«

Noch musste Cosima selbst Hand anlegen, um die nächsten Festspiele zu organisieren. Wagner hatte ja noch selbst das Jahr 1883 vorbereiten können. Seine Witwe brauchte die Festspiele von 1884 nur als Wiederholung vom Vorjahr spielen zu lassen, was auch geschah, ohne dass Cosima einen Fuß ins Festspielhaus setzte. So entstand die Legende von der gewaltigen Trauer Cosimas um ihren toten Mann. In Wirklichkeit arbeitete die Erbin sorgsam am heroischen Erscheinungsbild des Theatergenies und an der Etablierung Bayreuths als musikdramatischer Wallfahrtsort.

Zu den Proben für 1884 hatte sich Cosima einen Verschlag auf der Bühne errichten lassen. Gleichsam unsichtbar konnte sie das Geschehen hören und beobachten, um mit zahlreichen »Korrekturzetteln« ihre Eindrücke und Kritik den Künstlern zukommen zu lassen. Hermann Levi, der *Parsifal*-Dirigent, wie auch Regisseur Fuchs erhielten diese Anweisungen, die nicht etwa als Wichtigtuereien der Hausherrin abgetan wurden, sondern – wie brieflich an Levis Vater übermittelt – als erstaunliche Arbeitshilfen für die ausführenden Künstler galten: »Dass die Vorstellungen dieses Jahres so vollendet waren, ist zum größten Teil dem tätigen Eingreifen von Frau Wagner zu danken ... Ihre Bemerkungen waren so richtig und feinsinnig, enthielten so wichtige Aufschlüsse über die Kunst des Vortrages, dass ich in diesen wenigen Tagen mehr gelernt habe als in 20 Jahren meiner Dirigenten-Praxis.«

Wie schon 1883 waren auch in den folgenden Bayreuther Festspielen ausschließlich Wiederholungen des *Parsifal* unter der Leitung von Hermann Levi zu sehen. 1884 wirkten sich die von Cosima verfassten Korrekturen noch stärker aus und brachten weitere Anerkennungen für ihre Arbeit. Von nun an bezeichnete sie sich offiziell als Festspielleiterin und entwickelte erstaunliches Geschick im Umgang mit den Künstlern und dem gesamten Mitarbeiterstab.

Im Hintergrund hatte sich schon seit Wagners Ansiedlung in Bayreuth – also seit 1871 – neben dem Bürgermeister Muncker und dem Bankier Friedrich Feustel auch dessen Schwiegersohn, Adolf von Gross als Verwaltungsrat der Bayreuther Festspiele nicht nur um immer stabiler werdende Finanzen gekümmert, sondern auch der Witwe Cosima in allen Rechts- und Finanzangelegenheiten zur Seite gestanden und mit Erfolg als »graue Eminenz« des Hauses Wahnfried gewirkt. Das Prinzip mäzenatischer Unterstützung der Festspiele wurde seit 1883 beibehalten und brachte von Jahr zu Jahr bessere Ergebnisse.

Für die nächsten Festspiele, die nach einem Pausenjahr 1886 stattfanden, hatte sich Cosima bereits eine größere Aufgabe gestellt. Sie brachte erstmals eine eigene Inszenierung von *Tristan und Isolde* auf die Bühne, wobei sie sich allerdings auf die Uraufführung von 1865 in München stützen konnte. Ausführlich korrespondierte sie deshalb mit König Ludwig II., der das Protektorat über die Festspiele übernommen hatte: »Indem ich *Tristan und Isolde* wählte, um nebst *Parsifal* hier im künftigen

Jahre aufgeführt zu werden, wurde ich von dem geheimen Zusammenhange geleitet, welcher die beiden Werke verbindet ... Ein äußerlicher Grund bestand darin, dass der szenische Aufwand ein verhältnismäßig geringer ist. Die Dekorationen werden im Wesentlichen denen des Hoftheaters Euerer Majestät ähneln; nur im dritten Akte erlaube ich mir das Burgtor etwas vorrücken zu lassen, damit der Kampf an Deutlichkeit gewinne.«

Der inzwischen gut funktionierende »Allgemeine Wagner Verein« beschloss bereits am 22. Juli 1884 die Gründung einer »Richard-Wagner-Stiftung«, deren Satzung in einer Generalversammlung des Vereins im April 1885 in München verabschiedet wurde. Als Hauptzweck wurde die Erhaltung der Bühnenfestspiele festgeschrieben.

Da die Festspiele bisher erfolgreich verlaufen waren, griff Cosima eine alte Idee ihres verstorbenen Mannes auf und entwarf einen »Plan für den unentgeltlichen Besuch der Festspiele 1887 bis 1892«. Wagners altes Patronats-System wollte sie zur Finanzierung der Festspiele bei freiem Eintritt für Mäzene verwenden, um noch mehr Geldgeber zu finden, die dem Werk Richard Wagners ein dauerhaftes Aufführungspotenzial zuführen sollten.

Solche Überlegungen waren weitsichtig, denn schon durch den tragischen Tod des Bayernkönigs am 13. Juni 1886 verloren die Bayreuther Festspiele einen ihrer wichtigsten Gönner.

Der Tod Franz Liszts sorgte kurz darauf für weitere Aufregung. Er kam ebenso plötzlich wie ungelegen während der Festspiele am 31. Juli. Cosima verschwieg das Ableben ihres Vaters der Öffentlichkeit, weil sie Störungen des Festspielbetriebs fürchtete.

Gleichwohl wurde die Veranstaltung zu einem glänzenden Erfolg. Vom Festspielpublikum und von der Presse gab es viel Lob. Rosa Sucher als Isolde wurde wegen ihrer warmen Stimme, ihre ausgezeichneten Rollendarstellung und ihrer persönlichen Ausstrahlung mit Ovationen geradezu überschüttet. Diese Inszenierung zeigte in Ansätzen, was als Bayreuther Stil erst noch bekannt werden sollte. Cosima tat dabei gelegentlich des Guten zu viel im Ausklügeln von künstlerischen Details. Das Musikdramatische galt ihr als Hauptsache – die Musik und damit auch die Dirigenten – verwies sie in die zweite Reihe. Deshalb wählte Cosima nur solche Dirigenten aus, die sich entweder schon im Festspielhaus bewährt hatten oder widerspruchslos ihre Meinung akzeptierten. Doch ohnehin konnte sie sich für einige Zeit noch auf die von ihrem Gatten ausgewählten Musiker verlassen und brauchte sich nicht vor Neueinstellungen zu fürchten.

Mit dem Chefdirigenten der Karlsruher Hofoper, Felix Mottl, tat Cosima einen Glücksgriff: Mit ihm gewann sie nicht nur einen Vertrauensmann, der von 1886 bis 1903 ihr musikalischer Berater schlechthin war, sondern auch einen Dirigenten, der den Bayreuther Stil wie kein anderer ausgebildet hat.

Etwas Wasser musste Adolf von Gross in den Wein des allgemeinen Erfolges gießen, da zwar der mitteleuropäische Adel zahlreich nach Bayreuth angereist war, aber nur durchschnittlich 960 zahlende Gäste pro Vorstellung bei 1900 Plätzen zu verzeichnen waren. Deshalb musste erneut ein Pausenjahr eingelegt werden, obwohl Cosima darauf brannte, ihren künstlerischen Erfolg zu wiederholen.

Durch den Tod des erst 30-jährigen Heinrich von Stein am 20. Juni 1887 verlor der familiäre Zirkel von Wahnfried einen Hausfreund, den Cosima mehr betrauerte als ihren eigenen Vater im Jahr zuvor. Aber inzwischen hatte sie neue Freunde für Bayreuth hinzugewonnen, neben Felix Mottl bereicherte auch der Dirigent Franz Fischer die Künstlerfamilie.

Nach dem Tode König Ludwig II. machte die bayerische Regierung den Versuch, die Partituren vom *Ring* und *Parsifal* zum Eigentum des Münchner Hoftheaters zu erklären. Adolf von Gross, als der Vormund Siegfrieds und Rechtsbeistand des Hauses

Wahnfried, setzte sich dagegen zur Wehr. Als er die zu Wagners Zeiten ausgefertigte Verzichtserklärung des Königs vorlegte, argumentierte man mit dessen Unzurechnungsfähigkeit. Gross hielt dagegen, dass der ebenfalls von Ludwig II. ernannte und mit ihm verhandelnde Minister dann selber zu Unrecht im Amt sei und drohte, dass die Gerichte nun den Streit zu schlichten hätten. Die Angst davor und Gross' verblüffende Logik taten ihre Wirkung, und die Regierung wurde schon fast hochmütig mit der Erlaubnis zur Aufführung von Wagners Frühwerken *Die Feen* und *Das Liebesverbot* für München abgespeist. Solche Siege gefielen Cosima – neben ihren inszenatorischen – am besten.

Parallel zu den eigenen Erfolgen mit den Festspielaufführungen, ging es Cosima Wagner stets darum, möglichst alle ihre Kinder an die gemeinsame Sache des Wagner-Erbes heranzuführen. Adolf und Marie von Gross waren im April 1887 mit den Wagner-Kindern nach Paris gereist, um dort Besuche zu machen und sich den *Lohengrin* in französischer Sprache im »Eden-Theater« anzuschauen. Die Aufführung am 3. Mai war zwar schlecht, und die Oper wurde vom Spielplan genommen. Besonders für Siegfried war die Reise aber ein eindrucksvolles Erlebnis wegen der fremden und ungewohnten Theaterereignisse. Cosima allerdings glaubte, eine große Torheit wegen des Misserfolges begangen zu haben.

Da schon 1887 kein Festspieljahr war, freute sich Cosima darauf, 1888 ein weiteres Werk Wagners zu inszenieren. Sie wollte eigentlich *Tannhäuser* auf die Bühne bringen, wurde aber von Adolf von Gross überredet, die populäreren *Meistersinger von Nürnberg* zu nehmen. Etwas ungehalten schrieb sie ihrem Berater, wenn sie die *Meistersinger* aufführen müsse, sei es ihr nur möglich, die Inszenierung der Münchner Uraufführung von 1868 zu wiederholen, die ihr Mann selbst überwacht und als gelungen bezeichnet hatte. Adolf Gross sollte Recht behalten; die *Meister-*

singer wurden zu einem beispiellosen Erfolg, und auch die Presse war euphorisch.

Die Festspiele von 1889 mit nochmals dem *Tristan* unter Felix Mottl, den *Meistersingern* unter Hans Richter und dem *Parsifal* unter Hermann Levi waren ebenso ein künstlerisch glänzender Erfolg. Die Aufführungen wurden zum gesellschaftlichen Ereignis für Besucher, die Wagner nicht unbedingt zur Bildungselite der Nation gerechnet hätte, die aber der beste Multiplikator für eine stets steigende Nachfrage waren. Neben deutschen, österreichischen und ungarischen Adeligen kamen der Prinzregent Bayerns, die Könige von Sachsen und Rumänien, sogar der deutsche Kaiser mit Gemahlin nach Bayreuth.

Cosima hoffte insgeheim, Kaiser Wilhelm II. würde Nachfolger des verstorbenen Königs Ludwig II. als Patron der Festspiele werden. Dieser wollte sich jedoch nicht für Bayreuth einspannen lassen, sondern selber von dem populären Festspielereignis profitieren. In einem Brief an Cosima nannte er die Bayreuther Festspiele »das deutsche Olympia«. Nichtsdestoweniger gab sich der eitle Kaiser Wilhelm als »Wagnerfan«: In sein erstes Automobil ließ er sich das Leitmotiv Donners aus dem *Rheingold* als Signalhupe einbauen und vor der Kamera posierte er sogar als geflügelter Schwanenritter.

George Bernhard Shaw war 1889 unter den Musikkritikern im Festspielhaus. Seine Berichte waren schonungslos offen, vernichtend für Cosima, aber auch witzig. Shaw schrieb, Bayreuth habe ein Monopol auf Authentizität, »oder – wie ich es auszudrücken vorziehe – Bayreuth allein ist in der Lage, Wagners lyrische Dramen Note um Note, Takt um Takt, Nuance um Nuance zu strangulieren«. Das war starker Tobak, den Cosima wahrscheinlich nie zu kosten bekam. Dafür wurden ihr 1892 unaufgefordert die Bühnenbilder von Adolphe Appia für den *Ring* zugesandt, die sie so kommentierte: »Appia scheint nicht zu wissen, dass '76 der

Ring hier aufgeführt wurde, folglich in Bezug auf Dekorationen und Regie nichts mehr zu erfinden ist.«

Wagners Bemerkung, er sei der Welt noch einen *Tannhäuser* schuldig, eine Bemerkung, die er kurz vor seinem Tod gemacht hat, und die auf eine Bearbeitung seiner Oper hinauslaufen sollte, übernahm Cosima gleichsam als Inszenierungsauftrag für das Festspielhaus. *Tannhäuser* war die am häufigsten in Deutschland gespielte Wagneroper. Nun sollte sie 1891 endlich auch in Bayreuth inszeniert werden. Cosima war nicht nur entschlossen dazu, sondern auch bereit, durch ihre Inszenierung aus der Oper ein Musikdrama zu formen. Schon seit Jahren hatte sie diesen Plan vor Augen und legte eine Sorgfalt der Vorbereitung an den Tag, die verblüffen musste. Sie hatte sich alle Zeugnisse von den Aufführungen, die Wagner selbst in Dresden 1845, in Paris 1861 und in Wien 1875 überwacht hatte, kommen lassen und fachlichen Rat von Kunst- und Literaturhistorikern sowie einem Archäologen eingeholt. Ihre Idee war: »Wir müssen etwas kolossal Antikes in der ersten Szene zustande bringen und für den zweiten Teil die ganze Seele des Mittelalters vor uns haben.«

Die Elisabeth wurde in dieser Inszenierung in marienhafter Reinheit, die Venus dagegen als unwiderstehlich verführerische Liebesgöttin dargestellt. Isadora Duncan, die für ihren modernen Ausdruckstanz berühmt war, wurde von Cosima 1904 als Solograzia in das Bacchanal der Oper geholt und tanzte barfüßig und knapp bekleidet. Als sie dann auch noch in den Pausen vor dem Festspielhaus in ihrem frivolen Kostüm promenierte und bei einem Essen in Wahnfried lauthals verkündete, dass die Irrtümer des Meisters so groß wie sein Genie gewesen seien, wurde sie nie wieder eingeladen.

Konservative Wagnerianer zeigten große Ressentiments nicht nur gegen die optische Ausführung, sondern auch gegen die Aufführung dieser Oper im Festspielhaus, da sie kein Musikdrama war. Die französische Version wurde von den Kritikern abgelehnt, da es eine Dresdner gab. Diese Bedenken wurden selbstverständlich in Wahnfried diskutiert. Aber trotz aller Einwände wurden Eintrittskarten bereits auf dem Schwarzmarkt gehandelt, und Bayreuth war damit schon zur Weltattraktion geworden. Wie sehr sich Cosima auf ihre Musiker verlassen konnte und wie familiär sie besonders mit den Dirigenten umging, zeigt ein Brief an Hans Richter aus dem Jahr 1892: »Mein teurer Richter, heute vor einer Stunde entfernten sich die letzten Festspielgäste, und jetzt, wo alles ganz still ist, will ich dir für deinen herrlichen Brief aus der Tiefe des Herzens danken ... Du erinnerst mich an Siegfrieds Geburt und an dein teures Versprechen. Ich vergaß es nie, in welchen Stunden du bei uns warst und dass du der Pate meiner beiden Tribschener Kinder bist. Und wie du in unser Haus kamst und deinen Stempel dort erhieltest, so soll Siegfried in das deine kommen und von dir das lernen, was er nur von dir lernen kann. Und so wird das innere Band, was nie zerreißen kann, aller Welt sichtbar, und was Treue ist, zeugen wir beide ... Nach Weihnachten also, wenn es dir recht ist, kommt Siegfried zu dir. Ein modus vivendi wird sich wohl finden, denn wenn ich von dir und deiner lieben Frau alles annähme, so kann ich dir doch kein siebentes Kind aufladen!

Leb wohl und sei mit den Deinigen gesegnet und fühle stolz, was du uns hier gewesen bist.

Deine CW.«

Für 1894 hatte sich Cosima die erste Inszenierung des *Lohengrin* für Bayreuth vorgenommen und wie beim *Tannhäuser* sich damit profiliert, aus der romantischen Oper ein Musikdrama zu gestalten. Sie wollte »endlich aus der Doppeladler- und Schwan-Wappen-Wirtschaft herauskommen, welche auf unseren deutschen Bühnen dem armen *Lohengrin* ein solches Gepräge von Opernhaftigkeit aufgelegt haben, dass er wie eine arme Leiche unter falschen pomphaften Decken dahergeschleppt wird«. Den dramaturgischen Akzent legte Cosima auf den Zusammenstoß von Christen- und Heidentum und verlegte inszenatorisch die Handlung aus dem sonst üblichen 13. Jahrhundert in das zehnte zurück. Der alte Festspielkonkurrent, Ernst von Possart, der damalige Leiter der Münchner Hofoper, wollte es nicht hinnehmen, dass die bayerische Hauptstadt nur eine zweitrangige Wagnerbühne haben sollte. Deshalb hatte er für 1894 ebenfalls den *Lohengrin* ins Programm nehmen lassen, um daraus mit der Zeit festspielähnliche Traditionen entstehen zu lassen. Cosima konterte, indem sie die bereits inszenierten »Ritteropern« *Parsifal, Tannhäuser* und *Lohengrin* als »Trilogie« reklamierte. Weniger dadurch, als vielmehr durch die sich in Europa und Amerika ausbreitende Wagnermanie wurde Bayreuth jedes Jahr internationaler und berühmter. Das spiegelte sich auch in der Verpflichtung ausländischer Gesangssolisten, die den konservativen Wagnerianern ein Dorn im Auge waren. Sie wollten an der »Deutschen Olympiade« festhalten und wehrten sich vehement gegen eine »großes Fremdenpensionat mit Theatervergnügen« für reiche Ausländer. Auch die »Ausländerin« Cosima wurde plötzlich von ehemaligen Förderern zur Rechenschaft gezogen. Besonders ein »Bayreuther Kreis«, der sich in den *Bayreuther Blättern* artikulierte, tat sich mit nationalistischen und rassistischen Ideen hervor. Für diese Leute war das Festspielhaus lange vor Adolf Hitler eine »herrliche Arierburg«, ein »Kunsttempel zur Erfrischung des arischen Blutes, zur Erweckung des allgemeinen großen Bewusstseins von einer germanischen Völkerfamilie sowie zugleich zur Kräftigung eines gesunden Deutschtums im Besonderen«.

Wie immer Cosimas persönliche Einstellung dazu sein mochte, für ihre Pläne konnte sie kaum eine Rolle spielen. Denn sie plante, für 1896 den *Ring des Nibelungen* neu zu inszenieren, und stand vor dem Problem, von den Sängern der 20 Jahre zurückliegenden

Uraufführungen lediglich Lilly und Marie Lehmann und Heinrich Vogl noch nach Bayreuth einladen zu können. Der weitaus größere Anteil von Gesangspartien musste mit jüngeren Talenten besetzt werden, und die kamen zumeist aus dem Ausland. Für die Talentsuche war Julius Kniese zuständig, der allerdings – mehr als Cosima – auf nationale Zugehörigkeit achtete. Um dem Sängermangel grundsätzlich abzuhelfen, griff Cosima auf die alte Idee Wagners und ihren eigenen Vorschlag für eine Stilbildungsschule zurück und eröffnete 1892 das »Wagner-Konservatorium« unter Julius Knieses Leitung. Cosima selbst unterrichtete in den Fächern »Drama« und »Inszenierung«.

Im ersten Jahr schrieben sich freilich nur 17 Kandidaten ein, von denen nach sechsjähriger Ausbildung ganze fünf Absolventen übrig blieben. Sie waren fast alle von ihren Bauernhöfen gekommen, um bald nicht nur im Festspielhaus engagiert zu werden, sondern auch glänzende Karrieren zu machen: die Norwegerin Ellen Gulbranson, die als Brünhilde im Festspielhaus zum Weltstar wurde; Alois Burgstaller, der 1894 mit 24 Jahren den Siegfried in Bayreuth sang; auch Hans Breuer als Mime und Otto Briesemeister als Loge waren Cosimas Entdeckungen.

Ein anderes Problem waren die altgedienten Dirigenten im Festspielhaus. Sie mussten allmählich durch jüngere Musiker ersetzt werden. 1889 war Richard Strauss aus München gekommen, um bei Felix Mottl zu assistieren. Da sich Strauss als großes Talent erwies und sich außerdem schamlos bei der »Herrin von Bayreuth« einschmeichelte, wurde ihm zunächst der *Tannhäuser* für 1890 angetragen, woraus allerdings nichts wurde, da in diesem Jahr dann doch keine Festspiele stattfanden. Als Strauss schließlich das Werk 1894 dirigierte, wurde er danach – aus welchen Gründen auch immer – nie mehr nach Bayreuth eingeladen. In seiner bajuwarischen Art hatte er nach Hörensagen das Festspielhaus rundheraus einen Schweinestall geschimpft.

Im selben Jahr gab Hermann Levi aus gesundheitlichen Gründen seine Abschiedsvorstellung mit dem *Parsifal*, sodass auch für dieses Werk Ersatz gesucht werden musste. Er, der so lange geschwiegen und sich kritiklos in den Festspielbetrieb eingeordnet hatte, rechnete nun nachträglich mit Bayreuth ab: »Ich glaube ... hier ist alles von einem Punkte aus zu begreifen: ich bin Jude, und dass es in und um Wahnfried zum Dogma geworden ist, dass ein Jude so und so aussieht, so und so denkt und handelt, und dass vor allem eine selbstlose Hingabe an eine Sache für einen Juden unmöglich ist, so beurteilt man alles was ich tue und sage, von diesem Gefühlspunkte aus und findet deshalb auch in allem, was ich tue und sage, etwas Anstößiges oder zum Mindesten Fremdartiges.«

Hatte Cosima seit dem Tod ihres Mannes unermüdlich an der Festigung und Mehrung des Ruhmes von Bayreuth gearbeitet, so war ihr die Etablierung der Wagner-Dynastie ein ebenso wichtiges Anliegen. Im Mittelpunkt stand dabei der »Stammhalter« Siegfried. Er hatte seit Jahren eine solide musikalische Ausbildung bekommen und wurde von seiner Mutter systematisch zum künftigen Festspielleiter aufgebaut. Mit großer Selbstverständlichkeit wuchs er in die Arbeit am Festspielhaus hinein: Er begann dort 1891 als Beleuchtungsassistent, wurde 1892 musikalischer Assistent und 1894 Probedirigent. 1896 konnte der 27-Jährige den vierten Zyklus der zweiten Bayreuther Inszenierung des *Rings* selbst dirigieren. Sein Einstand als *Ring*-Dirigent war zwar keine Sternstunde für die Wagner-Interpretation am »Grünen Hügel«, aber erstens teilte er sich die Aufgabe mit Hans Richter und Felix Mottl. Zweitens galt auch für ihn Cosimas Diktat, dass sich der Dirigent der Regie unterzuordnen habe. Immerhin aber war Siegfried Wagner der einzige Festspielleiter bis auf den heutigen Tag, der mehrere Werke seines Vaters selbst dirigieren konnte.

Die Festspielerfolge und die nahtlose Einbindung ihres Sohnes

Mythische Gründerfiguren. Nach Wagners Tod war es Cosima, die in seinem Sinne die systematische Ausbildung des Sohnes und Nachfolgers in die Hand nahm und die Leitung von Wahnfried und Festspielhaus übernahm.

in das Festspielgeschehen befreiten Cosima keineswegs von elementaren Sorgen. In einem Brief vom April 1889 an Carl Friedrich Glasenapp, dem ersten Wagner-Biografen, offenbarte sie ihr unternehmerisches Kalkül, verquickt mit einer merkwürdigen Furcht um die Zukunft der Wagnerfamilie und einer zwiespältigen Einstellung zum Judentum:

»Schön, dass Sie beim Beginn des Jahres so viele Zeichen der Teilnahme erhielten, ja, Sie sind die eigentliche Seele unserer Gemeinde, und es ist nur recht, dass sich alle an Sie wenden. Wären wir nur eine Gemeinde unter uns, und alles nicht Dazugehörige bliebe still und draußen! 40 Millionen, das brauchte ich, um den Deutschen die Festspiele zu geben, vielleicht schenkt sie mir einmal eine gute Seele; ein Jude, der das Unheil seines Stammes sühnen will. Solches halte ich noch für eher möglich, als dass einige unserer Freunde verständig werden und mir das Leben nicht mehr schwer machen.«

Erläutern sollte man hierbei, dass Glasenapp seine selbst gewählte Aufgabe als Wagner-Biograf so verstand, dass er an Wagners Leben bis in einzelne Details wirklich teilhaben und Bescheid wissen wollte. Deshalb nennt ihn Cosima »die eigentliche Seele unserer Gemeinde«, also die der Wagnerianer.

Cosima schlüpfte immer mehr in die Rolle, die früher Richard Wagner mit Leidenschaft ausfüllte. Sie kümmerte sich schließlich um alle künstlerischen Aufgaben, wie ihr Mann 20 Jahren zuvor. Und sie berichtete manches davon in ihren Briefen an die Festspieldirigenten und die anderen Künstler. Sie reiste auch – wie früher mit Richard – zu Opernaufführungen in ganz Deutschland, um geeignete Künstler für Bayreuth ausfindig zu machen.

Im ersten Jahr des neuen Jahrhunderts starben gleich vier mit Bayreuth verbundene Persönlichkeiten: der Bürgermeister Theodor Muncker am 14. Februar; der Dirigent Hermann Levi am 13. Mai in München; Friedrich Nietzsche, am 25. August in

Weimar und der Chorleiter Heinrich Porges am 17. November in München. Am Ende des Jahres 1900 wurde in Wahnfried allerdings auch noch ein freudiger Anlass gefeiert: die Hochzeit der Wagner-Tochter Isolde mit dem Musiker Franz Beidler. Cosima bereitete einerseits mit dem *Holländer* ihre letzte Neuinszenierung für die Festspiele vor und versuchte andererseits eine Verlängerung der exklusiven Aufführungsrechte des *Parsifal* für Bayreuth zu erreichen. Im Mai 1901 appellierte sie an den Reichstag in Berlin, mit einer Verlängerung der Schutzrechte für Wagners Werk den letzten Willen des Meisters zu ehren. Die Gesetzgeber beschäftigten sich zwar mit der »Lex Cosima« – wie sie die Petition nannten –, sahen aber keinen Grund, ein einzelnes Kunstwerk besonders zu schützen. Da jedoch bis zum Ablauf der Schutzfrist noch zwölf Jahre vergehen würden, hoffte Cosima, ihr Ziel doch noch zu erreichen.

Aus Amerika drohte neue und direkte Gefahr für Wahnfried. Nach einigen konzertanten Aufführungen wurde der *Parsifal* 1903 an der Metropolitan Opera in New York aufgeführt – mit Unterstützung des rivalisierenden Münchner Hoftheaters und gegen Cosimas erbitterten Widerstand. Die USA waren damals noch nicht der Berner Urheberrechtskonvention beigetreten und fühlten sich nicht an Schutzfristen gebunden. Sogar ein New Yorker Gericht wurde von Cosima mit dem »Gralsraub« beschäftigt, aber ohne Erfolg. Sie konnte sich nur rächen, indem sie allen Künstlern, die sich an den 354 Aufführungen des *Parsifal* in den USA der Jahre 1903 bis 1905 beteiligten, androhte, nie mehr nach Bayreuth kommen zu dürfen.

Die Neuinszenierung des *Holländers* zum 25-jährigen Festspieljubiläum war zur Zerreißprobe für die Anhänger Cosimas geworden. Wie gewöhnlich hatte sie sich auf dieses Projekt mit groß angelegten Studien zur Werk- und Aufführungsgeschichte vorbereitet. Dem staunenden Publikum wurde als Ergebnis eine

Oper ohne Pausen geboten. Die Szenenwechsel wurden hinter einem Vorhang bewerkstelligt. Die gesamte Bühnentechnik war Siegfried Wagner anvertraut worden, der durch professionellen Einsatz von farbiger Beleuchtung, großflächigen Leinwänden und Nebeltechnik erheblichen Anteil am Erfolg bei Publikum und Kritikern hatte. Eine Berliner Zeitung zeichnete die Bühnengestaltung in Bayreuth sogar als »beste Regie der Welt« aus.

Die kluge Finanzpolitik des Adolf von Gross' brachte neben den guten künstlerischen Ergebnissen immer deutlicher auch erfreuliche finanzielle. Das Familienvermögen hatte sich inzwischen vervierfacht.

Cosimas Töchter aus der Ehe mit Hans von Bülow waren weder durch eigene musikalische Betätigung noch durch ihre Ehemänner am Bayreuther Festspielbetrieb beteiligt. Blandine hatte den sizilianischen Grafen Gravina, Daniela den Kunsthistoriker Henry Thode, von Cosima »Heinzi« genannt, geheiratet. Man munkelte, dass Cosima die beiden ursprünglich mit Anton Bruckner und Johannes Brahms verkuppeln wollte; aber besonders nachdrücklich hat sie eine solche Hausmachtpolitik offenbar nicht betrieben.

Isoldes Ehemann, Franz Beidler, wurde dagegen als Musiker in den Festspielbetrieb einbezogen. 1894 war er nach Bayreuth gekommen und hatte bei Julius Kniese zu studieren begonnen. Da er Talent zum Dirigieren zeigte, wurde er 1896 als Festspielassistent eingesetzt. Später dirigierte er in Russland und England, 1904 und 1906 auch wieder in Bayreuth.

Im Jahr 1906 kam es zu einem riesigen Familienkrach, weil Cosima ihren Sohn Siegfried zum alleinigen Festspielleiter bestimmt hatte. Beidler kämpfte um gleichberechtigte Ansprüche, da seine Frau Isolde die erstgeborene Tochter Richard Wagners war. Doch Cosima bestritt Wagners Vaterschaft und konnte sich vor Gericht damit durchsetzen. Schon nach Isoldes Geburt hatte sie ja die uneheliche Beziehung zu dem Komponisten verleugnen müssen. Damals stand die Freundschaft Wagners mit dem König und die Ehre ihres Mannes von Bülow als königlicher Kapellmeister auf dem Spiel. Jetzt war es die »Clan-Chefin«, die das Bayreuther Erbe auf Siegfried konzentrieren wollte, um die Institution der Bayreuther Festspiele auf Dauer erhalten zu können. Besonders Isolde, das Kind ihrer Liebe zu Richard Wagner, musste als schreiende Ungerechtigkeit erleben, dass die Mutter, die sie noch vor Jahren auf die gemeinsame Sache der Familie eingeschworen hatte, jetzt plötzlich als eiskalte Lügnerin vor Gericht stand. Erinnert sei an Cosimas Brief vom 22. Mai 1896, in dem sie ihre Tochter wie mit Engelszungen beschwor, die Verleugnung zu ertragen:

»Lass uns im Geiste zusammen sein, mein Kind, zusammen sein und feiern! Diesen Tag segnen, der der Welt und euch das schenkte, was ihr nie verlieren könnt! Von überall her lebt dir das ewige Leben entgegen, blickst du zum Himmel, so strahlen in Sonne und Sternen dir Siegfried und Walther entgegen, schaust du in das Auge eines Tieres, so fühlst du das Mitleiden, wie die Menschheit es nur einmal also zu verkünden befähigt war, leidest du unter dem Gespenstigen des Tages, so klingt Tristans Klage dir trostspendend entgegen, vernimmst du einen hohen Gedanken irgendeines Weisen und Sehers, so findest du immer das eine, den einen wieder, dem alles große Gedachte neu zu denken und zu erfüllen beschieden war. Von überall tönt es dir zu, mein Geliebtestes, das, du und deine Geschwister, ihr nicht verlieren könnt, und dieses ewige Leben in euch zu pflegen und zu hüten habt. Hütet es durch standhaftes Ertragen der Prüfungen, wie wollten wir in einer Welt ohne Kummer sein, in welcher der Große, der Edle, der Heilige leidensvoll sich müht? So diese Prüfung unserer Trennung – lass sie uns segnen, mein Kind! Wer weiß, ob wir morgen nicht dadurch, dass wir hienieden getrennt sind, nicht viel enger in jenem Reiche verbunden sind, das Reich Gottes lass es mich nennen, das kein Wann und kein Wo kennt. So lass mich dich denn schauen, verklärt und friedensvoll den einzigen Glückstag preisen! Ich weiß es, dass auch du in Wahnfried einzig frei atmest. Von unsrem Kloster aus wirst auch du aber dein Leben dir bauen, und das wird ein schönes, reines, edles, friedenfreudiges Leben sein, wie du selbst bist. Dies kündet dir, mit Untrüglichkeit, mein Mutterherz, welchem von deiner Geburt an bis zum heutigen Tag nur Freude von dir ausstrahlte!

So sei ruhig, friedlich, in dir selig, mein seliges Kind, in dir, wenn du dich darin versenkest, findest du alles – das all und eine! – wieder, darin wir sind, darin wir leben, darin wir vergehen, ertrinken, versinken, unbewusst, höchste Lust!«

Wie zuvor schon den »amerikanischen Gralsräubern«, so erteilte jetzt Siegfried Wagner auch seinem Schwager Hausverbot im Festspielhaus. Und es sollte nicht das letzte Verbot dieser Art sein, das in Bayreuth verhängt wurde.

5. SIEGFRIED WAGNER, SOHN UND ERBE DES THEATERGENIES

Außenstehenden mochte es seltsam anmuten, dass Cosima, die sich seit Richard Wagners Tod um jede Kleinigkeit des Festspielbetriebs gekümmert hatte, keinen Fuß mehr in den Bayreuther »Weihetempel« setzte, nachdem sie das Zepter 1906 – offiziell 1908 – an ihren 37-jährigen Sohn Siegfried übergeben hatte. »Wer entsagen muss, kann das Entsagen erlernen«, schrieb sie an Fürst Hohenlohe und meinte es bitter ernst mit ihrem Entschluss, obgleich sie weiterhin mit ihrem Sohn ausgiebig dessen Festspielpläne besprach. Einmischen allerdings wollte sie sich auf keinen Fall, denn keinerlei Gängelung sollte von außen zu bemerken sein.

Cosimas rigoroser Rückzug ins Privatleben bedeutete aber nicht, dass Wahnfried der Öffentlichkeit verschlossen war. Auch wenn sie nach einer Herzattacke im Jahre 1910 sich mehr und mehr schonen musste – ihre imposante Persönlichkeit blieb nicht nur im Familienkreis präsent, sondern auch in den Straßen von Bayreuth und für die Festspielbesucher. Je älter Cosima wurde, desto mehr schloss sie sich in die Welt ihrer Erinnerungen ein und wurde schon zu Lebzeiten ein Mythos.

Für den Festspielbetrieb war nun Siegfried verantwortlich, der Erbe, der von klein auf an diese Aufgabe herangeführt worden war. Er war noch nicht drei Jahre alt gewesen, als die Familie von Tribschen nach Bayreuth umgesiedelt war. Mit dem Bau des Festspielhauses und der Verwirklichung der Festspielidee schien seine

Berufung unausweichlich. »Siegfried Richard wird seines Vaters Namen erben und seine Werke der Welt erhalten!«, schrieb der betagte Vater, voller Freude und Wohlgefallen an seinem Sohn; oder »Nun, geschaffen ist es doch! Und dereinst – da muss mein Junge für das Rechte sorgen!«

Schon fast testamentarisch klingt es in einem Brief Wagners vom September 1882 – also ein halbes Jahr vor seinem Tod – an: »Die Erziehung meines Sohnes, seine spätere Anleitung zu meiner Vertretung nach meinem Tode usw. dünken mich jetzt das Wichtigste, was mir zu besorgen übrig bleibt.«

Auch einen stolzen Reim in Anspielung auf die Figur des Siegfried im *Ring* hat Richard Wagner für seinen Sohn gedichtet:

»Ich kann ihm wenig lehren und erwerben:
das *Fürchten* doch soll er von mir nicht erben!«

Aus dieser tatsächlich erlebten Furchtlosigkeit in seiner Kindheit konnte sich der Sohn des Genies frei in seiner eigenen Persönlichkeit entwickeln.

In Wahnfried und während der Italienaufenthalte erhielt Siegfried Privatunterricht; von allen Lehrern war ihm Heinrich von Stein der liebste, der die Familie wegen seiner eigenen Karriere bald wieder verlassen musste.

Im Todesjahr des Vaters 1883 wurde Siegfried im Bayreuther Gymnasium aufgenommen, wo er 1889 seine Abiturprüfung bestand. Danach wollte er mit dem Architekturstudium beginnen. Davor jedoch empfahl Cosima, seine musikalische Begabung bei Engelbert Humperdinck in Frankfurt am Main während eines Probejahres prüfen zu lassen.

In weiser Voraussicht lenkte die Mutter die musikalische Begabung ihres Sohnes am übermächtigen Vorbild des Vaters vorbei in eine solide musikalische Ausbildung von handwerklicher Güte. Im Brief an Humperdinck vom 9. Oktober 1889 schreibt Cosima:

»Mein lieber Freund Humperdinck,

Nächsten Dienstag übersiedelt mein Siegfried nach Frankfurt, und ist es mein Wunsch, dass derselbe dort gründlich die Musik studiere. Er soll zu Ihnen – wenn es Ihnen recht ist – regelmäßig gehen, dann in das Raffsche Konservatorium sich einschreiben, und ich bitte Sie, es genau mit ihm einzuteilen, wo er Harmonielehre, wo Kontrapunkt, wo das Lesen der Partituren vornimmt. Sehr viel liegt mir an der gründlichen und geistvollen Analyse der klassischen Werke, sowohl Mozarts als der Meister der altfranzösischen Schule, und wünsche ich, dass er möglichst viel aus unserer großen musikalischen Literatur zu hören bekommt. Wie gesagt, Musik soll jetzt sein einziges Studium sein, und zwar, wie Sie sich wohl denken, kein Klavierspiel noch irgendeine Spielerei. Gerne würde ich es aber sehen, wenn er in Bachschen Werken zum Beispiel – mit der Zeit – mitsingen könnte.

Seien Sie nun so gut, lieber Freund, und sagen Sie mir, ob Sie gerne dieses Lehramt bei ihm übernehmen, und teilen Sie mir mit, wie Sie sich diesen Unterricht ungefähr vorstellten.«

Nach diesem Probejahr bei Humperdinck ging Siegfried doch noch – wie geplant – zum Architekturstudium aufs Polytechnikum nach Berlin und wechselte dann nach Karlsruhe. »Was mich nach Karlsruhe zog und dann bald die Wendung herbeiführte, war nicht mehr die Architektur, sondern war Felix Mottl. Hatte ich schon während meines Berliner Aufenthaltes musikalische Eindrücke durch die von Hans von Bülow geleiteten Konzerte gehabt – ich schätze mich glücklich, seine Interpretation der Beethovenschen Symphonien und der verschiedenen Vorspiele meines Vaters noch kennen gelernt zu haben –, so fachten die Aufführungen in Karlsruhe immer stärker die Sehnsucht nach dem Musikerberufe an. Mottl dirigierte die Werke meines Vaters mit ebenso hinreißendem Schwung wie Mozart und Weber.«

Im Jahr 1892 wurde Siegfried Wagner von dem ihm »sehr befreundeten« jungen Engländer Clement Harris, der gleichzeitig mit ihm in Frankfurt Musik studiert hatte, auf eine Asienreise eingeladen. Während der »sechsmonatigen Reise nach Indien und China – es war, wie ich mich noch gut entsinne, nach einer stürmischen Nacht am Ostermorgen – fasste ich den Entschluss, der Architektur Valet zu sagen und mich ganz der Musik zu widmen.«

Seine Mutter Cosima tat ein Übriges, um diesen Entschluss zu festigen. Vor einem Konzert, das Siegfried 1895 im ungarischen Pest dirigierte, schrieb sie: »In wenigen Stunden trittst du nun auf, und du kannst dir wohl denken, wie wir dich umgeben. Schwer würde ich es ertragen, nun auch dich, mein teuerstes Wesen, in der Öffentlichkeit zu wissen, wenn deine ganze Art nicht eine so überlegene wäre und wenn ich dich nicht sowohl über die Gefahren des Erfolges als über die Niedergeschlagenheit durch Verkennung durch deine innere Kraft gestählt wüsste. Auch hast du eine Bestimmung, die sich wie durch Gnade offenbart hat und die du jetzt auf diese Weise zu bekunden hast.«

In dieser Zeit hatte Siegfried ausgiebigen Unterricht bei Hans Richter, Engelbert Humperdinck und Felix Mottl erhalten, um im Festspielhaus als kompetenter Nachfolger seines Vaters anerkannt zu werden. Sein Dirigentendebüt hatte er im Markgräflichen Opernhaus bei der Aufführung des *Freischütz* durch Mitglieder der »Stilbildungsschule«. Und 1896 dirigierte er zum ersten Mal den *Ring* in Bayreuth.

Siegfried bestätigte sich immer mehr als zukünftiger Festspielleiter und wurde dadurch zum erbitterten Konkurrenten seines Schwagers Franz Beidler, dem Cosima 1906 den Stuhl vor die Türe setzte. Mit Gewalt und unter allen Umständen wollte die Festspielleiterin ihren Clan keineswegs zusammenschweißen. Wer nicht der Sache der Festspiele dienlich war und eigene Wege gehen wollte, flog raus.

Das Zepter übergab Cosima Wagner 1908 an ihren Sohn Siegfried. Sie selbst wurde noch zu Lebzeiten zum sagenumwobenen Wesen.

Im Festspielbetrieb war der Führungswechsel von 1908 kaum zu spüren, weil Siegfried Wagner bestens für seine Position vorbereitet und eingeführt worden war. Zwar stammten alle Berufungen der leitenden Mitarbeiter noch von Cosima, aber Siegfried hatte keine Probleme im Umgang mit Menschen. Ganz im Gegenteil half ihm sein gewinnendes Wesen, alle natürlichen Spannungen in einem so großen, betriebsamen Haus zu entschärfen. Neben Siegfried war aus der Familie noch die Schwester Daniela als Kostümbildnerin eingebunden; Isolde war vorher wegen des Streits mit ihrer Mutter aus dieser Tätigkeit ausgeschieden.

Inzwischen hatte sich nicht nur das Hoftheater in München mit eigenen Wagneraufführungen weiter hervorgetan. Auch in Wien machte der Hofoperndirektor Gustav Mahler mit seinen Inszenierungen und den Bühnenbildern von Alfred Roller Furore. Bayreuth konnte sich nur durch die Authentizität und Tradition der Werkinterpretationen sowie durch die ausschließliche und konzentrierte Probenarbeit im Festspielhaus behaupten.

Siegfried Wagners umgängliches und tolerantes Wesen bewirkte einen langsamen, aber spürbaren Wandel des künstlerischen Klimas am Grünen Hügel. Bisherige Verkrustungen verschwanden allmählich. Siegfrieds eigene Ideen, mit Licht und Farbe die Werkinterpretationen zu erneuern, wurden allmählich realisiert. Es ging um das Überleben des Wagnerschen Riesenwerkes, das ja keineswegs schon so verstanden oder gar verbraucht worden war in seiner Aussagekraft, dass es in den Archiven der Musikgeschichte hätte verschwinden können. Statt beständig neuer Opernproduktionen konnte nunmehr durch Interpretationen von Musikdramen deren lebendige Aussagekraft immer wieder neu ausgeschöpft werden. Siegfried Wagner und seine Erben konnten an diesem Prinzip der ewigen Erneuerung von Kunstgenuss endlos weiterspinnen. Dabei ging freilich ein Ausleseprozess vonstatten, dem banal eindeutige Werke nicht standhalten konnten. Dieser Qualitätsprüfung mussten sich auch Wagners Werke unterwerfen. Und einige Frühwerke waren ja bereits vom Komponisten selbst eingeschätzt und ausgeschieden worden.

Siegfried Wagner wuchs wie selbstverständlich in dieses sich wandelnde Kunstverständnis hinein und nützte die Zeichen der

Zeit für seine eigenen Aufgabenbereiche. Seinem Charakter entsprechend, verstand es der Wagnersohn zusätzlich, die vormalige Autokratie seiner Eltern in eine sanfte Monarchie zu wandeln, die von den Beteiligten durchaus als sympathisch empfunden wurde. Bezeichnend für seinen Stil ist die Schilderung der Sängerin Anna Bahr-Mildenburg aus dem Jahr 1911: »Punkt neun Uhr kommt Siegfried Wagner angefahren. Er trägt meistens Kniehosen und gelbe Strümpfe, tritt morgenfrisch gelaunt gleich mitten unter die Künstler, begrüßt jeden mit irgendeinem netten lustigen Wort, steht vor dem Tor, bis er plötzlich auf die Uhr sieht und ›Nun Kinder, 's ist Zeit, kommt, kommt!‹ über den Platz hin ruft, energisch in die Hände klatscht und unter seinem Vortritt dann die ganze Versammlung ins Festspielhaus zieht.

Und nun kann man da oben Siegfried in seinem Element beobachten und bewundern! Er ist der geborene Regisseur, unermüdlich in seinem Eifer, unerschöpflich in seiner Energie. Er verliert nicht die Geduld. Kein Nachlassen der Aufmerksamkeit, keine Zerstreutheit, keine Halbheit duldet er je; er fordert von jedem, dass er sein Bestes gebe, und dieser unerbittlichen Strenge, zusammen mit einer ungemein liebenswürdigen Art, Menschen zu nehmen und zu leiten, gelingt es, sie in seine Zwecke und Ziele zu fügen.«

Die Tradition der Festspiele verstand Siegfried Wagner durchaus ambivalent, indem er »Werktreue« übte, wo immer sie durch Authentizität begründet war, und Eigenes hinzufügte, wo sich Freiräume zur Interpretation auftaten.

Seine erste Inszenierung des *Lohengrin* im Jahre 1908 schloss sich an diejenige seiner Mutter an, brachte aber mehr Farbe in die von ihm entworfenen Bühnenbilder und wirkte dennoch weniger romantisiert. Seine eigentlichen Neuerungen auf der Bühne – die bislang nur von eindimensionalen Kulissen beherrscht waren – zeigten sich in dreidimensionalen Bauten oder dem »Rundhorizont« zur perspektivischen Tiefenwirkung der Bühne. Besonderen

Wert legte Siegfried Wagner auf die Choreografie. Insgesamt wurde ihm durch die Presse ein »Regietalent ersten Ranges« bescheinigt.

Seine Orchesterleitung wurde nicht so einhellig positiv beurteilt. Aber in der Auswahl der Sänger für die Hauptpartien hatte er eine glückliche Hand, zum Beispiel mit Alfred von Bary als Lohengrin oder Lilly Hafgren-Waag als Elsa.

Siegfrieds Inszenierung der *Meistersinger* von 1911 war ebenso derjenigen Cosimas von 1888 nachempfunden, aber als Komödie in eine Frische und Duftigkeit getaucht, dass alle Beteiligten – das Publikum wie die Mitwirkenden – begeistert waren. Hans Richters Dirigat wie Siegfried Wagners Regie wurden als kongeniale Meisterleistungen bezeichnet.

1914 dirigierte er seine Neuinszenierung des *Holländers*, der, wie bei seiner Mutter als Musikdrama interpretiert und nicht als musikalische Ballade gespielt, ein geteiltes Echo hervorrief. Albert Schweitzer als dessen Besucher erinnerte sich immerhin: »Nie habe ich dieses Werk so dirigieren hören wie durch ihn. Es war so wunderbar einfach und flüssig.«

Zwar wurde oft Siegfried als Dirigent kritisiert, doch kamen außer Verdi und Brahms alle namhaften Komponisten der Zeit wie auch der europäische Adel und sogar schon einzelne Pilger aus China und Kalifornien nach Bayreuth. Der sonst noch nirgendwo zu hörende, weil geschützte *Parsifal* trug nach wie vor zur immensen Anziehungskraft der Festspiele bei. Vor allem Amerikaner, Briten und Franzosen waren es, die sich als Deutschlandtouristen auf den Weg nach Bayreuth machten. Das Festspielhaus hatte immer weniger den Charakter einer Hofoper und wurde zu einem Kulturzentrum von gesamteuropäischer Bedeutung.

Den Deutschen selber war inzwischen die Kunst Wagners und sein Gedankengut zunehmend ins Bewusstsein gedrungen. In der Gründerzeit mit ihren gesellschaftlichen Umwälzungen durch die

Industrialisierung verlangten viele nach geistigem Halt und sicherer Orientierung. Bayreuth bot sich dafür wie von selbst an und zeigte in Wort, Bild und Ton, was deutsch ist. Es galt als »neuer Gralstempel«, als »heiliger Ort der deutschen Seele« und »Zentrum der künstlerischen Religion«. Hermann Bahr, der österreichische Dramatiker und Ehemann der berühmten Sängerin Anna Bahr-Mildenburg, bezeichnete Bayreuth als einen Ort, wo man »wieder und wieder lernt, Vertrauen in das Deutschsein zu haben, in den deutschen Idealismus und in die deutsche Selbstlosigkeit«. Sogar Walther Rathenau, der erste Außenminister der Weimarer Republik, konstatierte 1918 leicht ironisch: »Es ist kaum einzuschätzen, wie stark die letzte Generation vom Einfluss Richard Wagners gebannt war, und zwar nicht so entscheidend von seiner Musik wie von der Gebärde seiner Figuren, ja seiner Vorstellungen. Es ist immer jemand da, Lohengrin, Walther, Siegfried, Wotan, der alles kann und alles schlägt, die leidende Tugend erlöst, das Laster züchtigt und allgemeines Heil bringt, und zwar in einer weit ausholenden Pose, mit Fanfarenklängen, Beleuchtungseffekt und Tableau.«

Als sich das Ende der 30-jährigen Schutzfrist für den *Parsifal* 1913 näherte, wurde die Diskussion um das »Bühnenweihfestspiel« – so nannte Richard Wagner selbst sein letztes Musikdrama – immer heftiger und hysterischer. Wie konnte man es für Bayreuth reservieren und dadurch auch der Profanierung durch »normale« Opernbühnen entziehen? *Parsifal* und Bayreuth waren wie ein Synonym geworden, eine sakrosankte Einheit. In zahlreichen Städten Deutschlands bildeten sich »Komitees zum Parsifal-Schutz«; 18 000 Unterschriften – darunter so namhafte wie die von Strauss, Humperdinck, Charpentier, Puccini und Toscanini – für eine Petition im Deutschen Reichstag wurden gesammelt. Doch die Bemühungen blieben wirkungslos. Die »Lex Parsifal« kam in Berlin noch nicht einmal zur Abstimmung.

Neben der Arbeit im Festspielhaus komponierte Siegfried Wagner auch eigene Werke. Seine Oper *Der Bärenhäuter* wurde am 22. Januar 1899 in München uraufgeführt und in den folgenden zwei Jahren noch etwa 150-mal gespielt. Mit den folgenden Opern war der Erbe von Bayreuth weit weniger erfolgreich. *Herzog Wildfang* kam 1901 ebenfalls in München, *Der Kobold*, *Bruder Lustig* und das *Sternengebot* in Hamburg, *Banadietrich* in Karlsruhe, *Schwarzschwanenreich* in Köln, *Der Friedensengel* wiederum in Karlsruhe auf die Bühne. *An allem ist Hütchen schuld* wurde in Stuttgart und *Der Schmied von Marienburg* in Rostock gegeben. Einige spätere Opern Siegfried Wagners wurden gar nicht mehr aufgeführt.

»Trotz Tücherwedelns und begeisterten Händeklatschens und Fußtrampelns der Bayreuther Gemeinde, die sich vollständig zur Premiere im Hoftheater eingefunden hatte, wurde Siegfried Wagner nach allen Regeln der Kunst ausgepfiffen und ausgezischt. Als Dichter wie als Komponist hat Siegfried Wagner sich als krasser Dilettant gezeigt«, stand in den *Dresdener Neuesten Nachrichten*. Wie sich zeigte, war es für den Sohn Richard Wagners nicht leicht, als Komponist eigene Wege zu gehen, und er musste zum Teil heftige Kritik einstecken. Nach seinem Tod verhinderte die Wagner-Familie eine öffentliche Auseinandersetzung mit seinem Werk. Neuere Aufführungen in den siebziger und achtziger Jahren zeugen von einer allmählichen Wiederentdeckung von Siegfried Wagners Opern, die der Allgemeinheit immer noch unbekannt sind.

Das Jahr 1913 war, abgesehen von der Aufregung um die *Parsifal*-Rechte, ein Jahr vielfacher Feierlichkeiten, denn es wurde Richard Wagners 100. Geburtstag begangen. Seine Marmorbüste wurde auf Befehl des Prinzregenten von Bayern in die Walhalla bei Regensburg aufgenommen. Und Siegfried Wagner, dem »Sohn des Meisters von Bayreuth, der das Erbe seines großen Vaters mit

Geist und Kraft verwaltet« (wie es in der Urkunde heißt) wurde die Ehrenbürgerschaft der Stadt Bayreuth verliehen.

Er war im Jubiläumsjahr 1913 ein gestandener Mann von 44 Jahren, doch immer noch unverheiratet. Das Ende der Wagner-Dynastie schien vorprogrammiert, denn auch Eva Wagner, seit 1908 mit dem englischen Historiker und Rassentheoretiker Houston Stewart Chamberlain verheiratet, sollte kinderlos bleiben. Der 1901 geborene Sohn Isolde Beidlers, Wilhelm Franz, hatte wie seine im Rechtsstreit unterlegene Mutter keine Ansprüche mehr auf das Erbe seines Großvaters.

Der Zwist wegen ungeklärter Erbschaftsangelegenheiten war nunmehr in den Wagner-Clan eingezogen und konnte später nur mühsam überbrückt und nur teilweise ausgeräumt werden. Je weiter sich die Familie verzweigte, desto uneiniger wurde sie und desto egoistischer vertraten die einzelnen Mitglieder ihre Ansprüche am Erbe des Übervaters.

Besonders Evas Mann fühlte sich berufen, Kontrolle über das Haus Wahnfried zu bekommen. Er war fanatischer Wagnerianer und Antisemit. Sein 1899 publiziertes Buch *Die Grundlagen des 19. Jahrhunderts* war außerordentlich erfolgreich und sollte später großen Einfluss auf die Rassenlehre der Nationalsozialisten gewinnen. Chamberlain war hauptsächlich dafür verantwortlich, dass der unterschwellige Nationalismus und Rassismus in Haus Wahnfried – mehr noch in den *Bayreuther Blättern* – zunehmend in eine kämpferische Ideologie verwandelt wurde.

Um Chamberlains Ambitionen einen Riegel vorzuschieben, verfolgte Siegfried eine doppelte Strategie: Da er sich eines eigenen legitimen Erben nicht sicher sein konnte, schlug er die Umwandlung des Wagnererbes in eine »Richard-Wagner-Stiftung für das deutsche Volk« vor. Andererseits schaute er sich nach einer passenden Ehefrau um; denn nur mit ihr konnte er die Dynastie retten. Leider war Siegfried in zweierlei Hinsicht moralisch angreifbar:

Erstens hatte er um die Jahrhundertwende eine Liebschaft mit einer Bayreuther Pfarrersgattin gehabt, aus der 1901 ein Sohn hervorgegangen war. Dies wurde allerdings von den wenigen Eingeweihten mit Erfolg geheim gehalten, und selbst als der Sprössling namens Walter Aign von 1924 bis 1931 als musikalischer Assistent im Festspielhaus arbeitete, erfuhr die Öffentlichkeit nichts von der Blutsverwandtschaft.

Zweitens – und das scheint dieser Tatsache völlig zuwider zu laufen – lebte Siegfried Wagner seine homosexuellen Neigungen durchaus offen aus. Er geriet dadurch sogar in das Fadenkreuz des Journalisten Maximilian Harden, der ein Faible für Homosexuellen-Skandale hatte und nun den Ruf der Wagner-Familie ebenso zu ruinieren drohte, wie er es bereits im Falle des Grafen Philipp von Eulenburg getan hatte. Frühere gelegentliche Erpressungen wegen Siegfrieds Lebenswandel hatte Adolf von Gross mit Schweigegeldern aus der Welt schaffen können.

Die Geschwister ließen dem Festspielleiter keine Ruhe und begannen ihn zur Ehe zu drängen. Wie aus dem *Lohengrin*-Text entnommen, hört sich Eva Chamberlains Mahnung an Siegfried an: »Mache Loldis (Isoldes) unheimlich triumphierende Worte: ›Fidi (Siegfried) heiratet ja doch nicht!‹ nicht zur Wahrheit. Du leistest damit den Schlechten, denen, die wir als ›undeutsche Teufel‹ bezeichnen, einen zu großen Dienst.«

Wäre Siegfried Wagner nicht Richards und Cosimas Sohn gewesen, er hätte womöglich den restlichen Wagner-Clan gewähren und den Kampf um das Erbe fahren lassen. So aber schreckte ihn der Brief seiner Schwester auf. Um des Fortbestehens der Dynastie willen bemühte er sich fortan, seine Aufmerksamkeit stärker dem anderen Geschlecht zuzuwenden. So lernte er die junge Winifred Klindworth kennen.

Schon im Juli 1914 war Karl Klindworth, Lisztschüler und Direktor des »Klindworth-Scharwenka-Konservatoriums« in

Berlin, mit seiner 17-jährigen Adoptivtochter Winifred zu den Generalproben nach Bayreuth eingeladen worden. Winifred war am 23. Juni 1897 als Tochter des Schriftstellers John Williams in Hastings an der englischen Kanalküste geboren worden. Im Alter von zehn Jahren hatte sie ihre Eltern verloren und war nach Berlin zu dem schon betagten Ehepaar Klindworth gekommen, mit dem sie entfernt verwandt war.

An verschiedenen höheren Töchterschulen und Internaten ausgebildet, wurde Winifred durch den Pflegevater mit der Musik Richard und Siegfried Wagners eingehend bekannt gemacht. 1914 adoptierten die Klindworths ihr Pflegekind, worauf sich Winifred stolz »Senta Klindworth« nannte, in Anlehnung an die hingebungsvolle Hauptfigur in Wagners *Der fliegende Holländer*. Der erste Bayreuthbesuch hinterließ einen tiefen Eindruck: »Nun lernte ich die Familie des Genius kennen, dem alle Liebe und Begeisterung meiner Jugend gehört hatte. Empfand ich der Gattin des Meisters, Cosima Wagner, gegenüber ehrfürchtige Bewunderung, so flößte mir die Persönlichkeit des Sohnes Siegfried sofort schwärmerische Verehrung ein, die bald zu einem eingehenden Studium seiner eigenen Kunst führte.«

»Herz und Hirn« seien bei der Rückkehr nach Berlin in Bayreuth zurückgeblieben, resümiert Winifred. Siegfried Wagner kam in den folgenden Monaten mehrmals zu Konzerten in die Hauptstadt, und jedes Mal besuchte er auch die Klindworths. Im Juni 1915 kam es schließlich zur Verlobung. »Das Winifredchen hat mir wirklich der Himmel gesandt«, bekundete Siegfried dem Freund Franz Stassen. Der beschrieb die Brautwerbung folgendermaßen: »Es war eine schöne Fahrt über die sommerlichen Havelseen. Überall leuchteten die roten Kirschen von den Bäumen, in Ferch kaufte Siegfried einen großen Fruchtkorb zum Naschen für den langen Spaziergang nach Wannsee. Als wir die Treppe zum Kaiserpavillon emporschritten, schwebte der Kirsch-

111

korb vor meinen Augen, getragen von Siegfried und Senta, zwei kleine Finger hatten sich im Henkel verschränkt.«

Schon am 22. September wurde in Wahnfried Hochzeit gefeiert. Der große Saal war festlich geschmückt worden, und der Standesbeamte kam ins Haus, um die Trauung zu vollziehen. Franz Stassen schildert sie: »Frau Cosima saß in grauem Seidengewand mit betend gefalteten Händen. Die Braut Winifred, wie Siegfried sofort ihren Namen entschied, in schlichtem weißen Kleid mit mächtigem Schleier, groß und schön.« Die Hochzeitsreise fiel wegen des Krieges bescheiden aus. Man fuhr nach Dresden in die Semperoper, wo Siegfrieds Werk *Der Bärenhäuter* gegeben wurde. Zahlreiche Gäste, die nicht nach Bayreuth kommen konnten, fanden sich hier im festlichen Rahmen zum Gratulieren ein.

Das ungleiche Paar, dessen Altersunterschied noch um vier Jahre größer war als der zwischen Siegfrieds Eltern, hatte zusammengefunden, wie es sich Cosima nicht schöner hätte wünschen können. »Keine Wahl könnte mir entsprechender sein, als die, welche er traf!«, schrieb sie dem fürstlichen Briefpartner von Hohenlohe. Doch dass der Eintritt in den Wagner-Clan das Leben nicht leichter machte, blieb Winifred ebenfalls nicht lange verborgen. Deutlich bekam sie Cosimas Macht zu spüren, und die alte Dame ließ ihre Schwiegertochter fast täglich die Wagnerreliquien abstauben.

Als am 5. Januar 1917 der Sohn Wieland geboren wurde, war der Fortbestand der Dynastie endlich gesichert. Voller Freude setzte sich Großmutter Cosima an den Flügel, um einige Takte aus dem »Siegfried-Idyll« zu spielen. Es war das erste Mal seit dem Tod Richard Wagners, dass sie das Instrument anrührte, und zugleich das letzte Mal in ihrem Leben.

Dem Erben folgten noch drei Geschwister: Friedelind, geboren am 29. März 1918; Wolfgang, geboren am 30. August 1919;

»Das Winifredchen hat mir wirklich der Himmel gesandt.« Tatsächlich konnte Siegfried Wagner mit Ehefrau Winifred den Fortbestand der Dynastie sichern – durch Wolfgang (im Arm des Vaters) und Wieland (rechts unten), Friedelind (links unten) und Verena (im Arm Winifreds).

Verena, geboren am 2. Dezember 1920. Diesen Stolz der Familie setzte die Stammmutter Cosima in einem Brief an Fürst Hohenlohe gleich zum Programm um:»Aus dem Geist der Familie erwarte ich mir die einstige Besserung unserer Zustände: sie wird uns geben, was der Staat uns versagt.«

Wieland und seine Geschwister wurden zu echten »Wagners« erzogen. Sie erhielten zwar die gleiche Schulausbildung wie andere Kinder auch, aber zu Hause erlebten sie alles andere als normale Bürgerlichkeit. Sie wuchsen in der geistigen Welt ihres weltberühmten Großvaters und dem nicht weniger berühmten Urgroßvater Franz Liszt auf, besonders spürbar zu Cosimas Lebzeiten. Wieland Wagner formulierte sogar einmal, er sei in einem Mausoleum geboren worden. Die Familie lebte in einer großen Villa, hatte fast immer Dienstpersonal zur Verfügung. Den Bayreuther Bürgern erschienen die Wagners wie großbürgerliche Exoten.

Friedelind erinnerte sich später, wie stark ihre Kindheit vom Theater geprägt war:»Daniela, welche die Kostüme unter sich hatte, ließ von den Näherinnen Miniatur-Kostüme für uns anfertigen, genaue Kopien der Originale. Wenn wir nicht im Festspielhaus waren, paradierten wir im Garten als Wotan, Fricka, Froh, Freia oder Siegfried und Brünnhilde, tobten umher, schwangen Speere, stießen unheimliche Schlachtrufe aus. Wir veranstalteten eine Aufführung des *Nibelungenrings* und erhoben von den Fremden, die im Garten umherwanderten, als besichtigten sie ein Museum, 20 Pfennig Eintritt. Mutter hielt später die Hintertür zum Hofpark geschlossen und reservierte den Rasen hinter dem Haus für die Familie, doch damals durften Touristen noch im ganzen Garten umhergehen; jeden Tag kamen sie, sprachen zu den Hunden auf englisch, holländisch, schwedisch, in allen Sprachen, nur nicht auf deutsch, blieben stehen, um die Inschrift über der Haustür zu lesen oder die Büste von König Ludwig zu betrachten, die gegenüber der Haustür inmitten einer kleinen Gruppe von Eiben stand.«

Auch im Festspielhaus konnten die Kinder ein und aus gehen. »Bei den Proben durften wir sitzen, wo wir wollten, doch während der Aufführungen wurden wir in die Familienloge gepfercht. Die Tanten fanden zwar, dass wir sehr lästig seien; tatsächlich wurde das Problem der Wagnerschen Familienloge immer schwieriger, je weiter die Festspiele fortschritten. Daniela und Eva sagten, wir störten so, dass man uns nicht darin sitzen lassen dürfe, Vater hielt aber an seinem Entschluss fest, dass wir die Vordersitze haben sollten. Er regelte schließlich diese Streitfrage, indem er noch eine Loge für seine Familie bauen ließ.«

Siegfried Wagner neigte anscheinend zu milden Erziehungsmethoden – die man heutzutage wohl als »antiautoritär« bezeichnen würde. Die resolute Winifred dagegen hatte eine deutlichere Handschrift und machte auch vor Schlägen nicht halt. Aber die eigentliche Bezugsperson war Emma Beer, das 30-jährige Kindermädchen, das zwar nur Volksschulbildung hatte, aber über ausgezeichnete Manieren und ein ausgeprägtes Pflichtgefühl verfügte. Verena nannte Emma später einmal »die einzige Vornehme in der Familie«. Ihre Tanzwut, Schmuckbesessenheit und Eitelkeit beeindruckten die Geschwister nicht minder und gaben immer wieder Anlass zum Spott. Emma schlief bei den Kindern im Obergeschoss, speiste aber nie mit ihnen im Esszimmer, sondern nur am Gesindetisch in der Küche des Souterrains. Wenn Winifred unterwegs war, vertrat das Kindermädchen sie. Sie war für alles zuständig, was die Betreuung der Kinder anging; selbst deren Sparbücher oblagen ihrer Sorgfaltspflicht. Und selbstverständlich nützte die »Wahnfried-Brut« Emmas Beflissenheit über alle Maßen aus.

Großmama Cosima verließ das Haus nie; bei schönem Wetter saß sie im Rollstuhl auf dem Balkon. Wenn ihr Sohn Siegfried sie zum täglichen Tee besuchte, musste nicht immer gesprochen werden. Zusammen schweigen genügte auch. Aber wenn gelegentlich die Enkelkinder dabei waren, hatte die alte Dame eine Engelsgeduld mit dem quecksilbrigen Volk.

In der schweren Nachkriegs- und Inflationszeit hatte Winifred alle Hände voll zu tun, um die Ansprüche der vier Kinder, der Großmutter und der Tanten Eva und Daniela zufrieden zu stellen. Vor allem das Verhältnis zu Daniela war von Anfang an äußerst gespannt. Ihre Ehe mit Henry Thode war kurz vor dem Ersten Weltkrieg in die Brüche gegangen, und nach 1918 hatte Siegfried ihr angeboten, in Wahnfried zu wohnen. Doch sie geriet ständig mit der jungen Schwägerin aneinander und musste sich daher bald eine eigene Wohnung in Bayreuth suchen.

Siegfried war oft allein auf Konzertreisen, um Geld herbeizuschaffen. Dennoch verwaltete die in Hauswirtschaft ausgebildete und sehr praktisch veranlagte Juniorchefin ihren Haushalt perfekt. Sie konnte sogar manchen Happen für den verreisten Ehemann abzweigen und nachschicken. Ein Brief aus dem Jahr 1925 berichtet davon: »Heute habe ich dir als Wert- und Eilpaket noch ein paar Fressalien geschickt – ein Sandwich-Brot, eine halbe Wurst, die dir hoffentlich nicht zu fett ist ... einen Rest von einem Kuchen und eine Dose Marmelade ... Wir bekamen eine Mahnung vom Elektrizitätswerk, dass wir zu viel Licht verbrauchen; infolgedessen hab ich noch ein paar Birnen ausgeschraubt und es allen noch einmal tüchtig ans Herz gelegt ... Solltest du was an Wurst übrig behalten, bringe es wieder mit ... denn wir sind selber' *sehr* knapp dran! ... Das abscheuliche Wetter trägt auch viel zu schlechter Laune bei, man friert so ungern – (heute sind die Kohlen auf 100 Mark pro Zentner erhöht!!!).«

Die Inflationsjahre hatten die Familie Wagner finanziell ruiniert. Das Festspielhaus stand schon seit dem Ersten Weltkrieg verschlossen und verwaist auf dem Grünen Hügel. Um nach acht

Jahren Unterbrechung endlich wieder Festspiele veranstalten zu können, trat Siegfried Wagner Anfang 1924 mit seiner Frau eine Amerikatournee an. Die Konzerteinnahmen sollten den finanziellen Grundstock für neue Bayreuther Aufführungen erbringen.

Bei der Ankunft in New York begannen zwei hektische Monate mit Interviews, Fototerminen, Konzerten und Einladungen, unter anderem zum Autofürsten Henry Ford in sein Heim in Dearborn. Der Sohn Richard Wagners wurde herumgereicht wie eine exotische Rarität. Winifred setzte sich tatkräftig mit ein und gewann mit ihrer burschikosen Art die Herzen der Amerikaner im Sturm.

Das Gedenkkonzert am 13. Februar 1924 zum Todestag Richard Wagners in der Carnegie-Hall war ausverkauft. Winifred schrieb:»Die Leute applaudierten wie toll nach jeder Wagner-Nummer. Fidi, der das vorletzte Stück dirigierte, wurde stürmisch begrüßt, dirigierte das ›Idyll‹ so schön, dass viele Leute weinten, und wusste sich am Schluss vor Hervorrufen nicht zu retten. Alles ist begeistert von seiner ruhigen Art zu dirigieren und seiner großen Bescheidenheit.«

Weitere Stationen waren Detroit, Baltimore, St. Louis, Chicago, dann Cincinnati, Toledo, Pittsburgh und Philadelphia. Als es Ende März wieder nach Hause ging, jubelte Siegfried: »Juchhe! Morgen früh segeln wir ab! Das klingt ja eigentlich undankbar gegen Amerika. Denn wir haben hier so viel Schönes und Gutes erlebt, dass man nicht undankbar sein kann. Das finanzielle Ergebnis ist so lala ... Für die Festspiele bleiben bis jetzt zirka 8 000 Dollar. Für mich persönlich habe ich nur die Reise und den Aufenthalt erhalten. Dafür haben wir uns gut genährt, gut unterhalten, viele liebe neue Freunde gewonnen, eine sehr interessante Stadt kennen gelernt, für die Kinder reichlich Kleider und Schuhe geschenkt bekommen und für euch, Lieben, haben wir etwas geschnorrt ... Ihr Lieben! Winnie packt; sie war mir geradezu unentbehrlich und unschätzbar.«

Zusätzlich zur Kindererziehung von vier lebhaften »Trabanten«, der Haushaltsführung in Wahnfried und der Pflege Cosimas übernahm Winifred immer mehr von Siegfrieds Pflichten als Festspielleiter, zum Beispiel die riesige Korrespondenz mit Wagnerinteressierten und die Organisation des Personals im Festspielhaus. Als Houston Stewart Chamberlain im Januar 1927 verstarb, kam die Sorge um die verwitwete Schwägerin Eva hinzu, die anfangs ihren Lebenswillen ganz verloren zu haben schien. Siegfried sah genau, was seine Frau meist im Verborgenen leistete, und erkannte ihre Arbeit öffentlich an: »Wini hat augenblicklich rasend zu tun. Sie erledigt fast alle Post für Eva, da diese jetzt sehr erholungsbedürftig ist. Allmählich gewinnt sie den Schlaf wieder, den sie sechs Wochen lang nicht kannte! Sonst ist sie jetzt ruhig. Die letzten Wochen haben ein festes Band zwischen ihr und Wini geknüpft. Wini war aber auch wirklich famos, von einer aktiven Hilfe und Herzlichkeit, die Eva richtig wohl tat.«

Wie schon seit einigen Jahren, begleitete Winifred ihren Mann auch 1927 auf Konzertreisen, dieses Mal nach West- und Norddeutschland. Es musste weiterhin für Bayreuth geworben und Geld für die Festspiele gesammelt werden.

Das Pausenjahr 1929 diente nicht zur Erholung für das Ehepaar Wagner, sondern zur Vorbereitung auf die nächsten Festspiele. Es ging um endlose Fragen der Organisation für sie und gleichzeitig um verstärkte Reisetätigkeiten, denn es mussten neue Künstler für Bayreuth gefunden und weitere Gelder zur Finanzierung der Festspiele aufgetrieben werden.

Siegfrieds 60. Geburtstag am 6. Juni 1929 gestaltete Winifred zu einem kleinen Volksfest, zu dem alles, was Rang und Namen hatte, nach Wahnfried eingeladen war. Der Freund Franz Stassen erinnert sich: »Er (Siegfried) hatte es einmal bitter ausgesprochen, dass Deutschland sich seinerzeit nicht im Geringsten um Richard Wagners 60. Geburtstag gekümmert habe. Das sollte nun anders werden. Frau Winifred hatte ein prachtvolles Fest vorbereitet und führte selbst Regie. Morgens kamen die Freunde, die Gratulanten mit all den schönen Aufmerksamkeiten, und Siegfried dankte in seiner liebenswürdigen humorvollen Weise, nur als er die große Frau nannte, die im oberen Stock ruhend dem Fest fernbleiben musste, konnte er eine Weile nicht weiterreden.

Das für den Abend vorbereitete Gartenfest ließ der Regen nicht zu, und so feierten wir, bedient von den vier Siegfriedskindern, ein rechtes Volksfest in den Räumen von Wahnfried.«

Auch 1930 ging es wieder auf Konzertreisen. An seinen Freund Ludwig Karpath schrieb Siegfried am 1. März 1930: »Wir sind in den letzten Wochen viel herumvagabundiert. Von Danzig (Hütchen) nach England, Konzerte in Bristol und Bournemouth, überall die freundlichsten Eindrücke. Dann Konzert Hannover. Jetzt geht's nach Mailand (Hotel Manin), zunächst ich allein. Wini kommt erst zum zweiten Zyklus nach. Sie ist hier ja nötig! Denn sie schafft kolossal, um Leben in die Bude zu bringen. Der Vorverkauf geht ja gottlob sehr gut! Muss auch sein! Sonst geht es faul bei den Ausgaben. Ende März wollen wir dann nach Griechenland. Endlich! Die Sehnsucht meines Lebens soll sich erfüllen!«

Die Griechenlandreise sollte nicht mehr stattfinden. In Mailand erlebten Winifred und Siegfried trotz der anstrengenden Konzerttätigkeit und einer Herzattacke Siegfrieds glückliche Tage. Dann aber unterbrachen Hiobsbotschaften aus Bayreuth jäh die Urlaubsstimmung. Cosima Wagners gesundheitlicher Zustand hatte sich bedenklich verschlechtert. Noch bevor Siegfried und Winifred in rascher Fahrt nach Bayreuth gelangen konnten, erfuhren sie telefonisch vom Tod der Mutter am 1. April. Sie hatte das biblische Alter von 92 Jahren erreicht.

Nach den Bestattungsfeierlichkeiten fasste Siegfried die Situation zusammen: »Ich war recht matt in diesen Tagen. Die große

Arbeit in Mailand, eine anschließende Grippe, und dann noch die seelischen Erregungen waren die Ursache. Drum will ich mich jetzt mit Wini in Meran erholen, dann an den Lido.«

Bereits im Juni 1930 begannen die Proben zu dem von Siegfried Wagner völlig neu konzipierten *Tannhäuser*. Es war seine erste eigenständige Regiearbeit, die neue Maßstäbe für die Wagnerinterpretation setzen sollte.

Siegfrieds Herzbeschwerden machten sich jetzt wieder bemerkbar. Bei der Generalprobe zur *Götterdämmerung* erlitt er einen Herzschlag und starb am 4. August 1930, ganze vier Monate nach seiner Mutter. Wie bei seinem Vater Richard standen verwaiste Kinder neben einer jungen Witwe am Grab.

In seinen Memoiren hatte sich Siegfried Wagner sicherlich ganz richtig charakterisiert, als er schrieb:»›Siegfried‹ ward ich von meinen Eltern genannt. Nun, Ambosse habe ich nicht zerhauen, Drachen habe ich nicht getötet, Flammenmeere habe ich nicht durchschritten. Und trotzdem hoffe ich, nicht ganz unwürdig dieses Namens zu sein, denn das Fürchten ist wenigstens nicht mein Fall.«

Die Pläne von Richard und Cosima waren, wenn auch spät, in Erfüllung gegangen. Hatte Richard Wagner mit dem eigenen Werk und dem späten Sohn die Dynastie begründet, so musste Cosima den Erhalt des Erbes im Sinne des Übervaters mit zahlreichen Absichten und durch dringliche Wünsche zu lenken suchen. Sie hatte sich ein regelrechtes Programm für ihr »zweites Leben« zurechtgelegt: Sie wollte alle Dokumente und Manuskripte Richard Wagners nach Wahnfried versammeln. Auch alle Briefe wollte sie zurückholen, so weit sie ihrer noch habhaft werden konnte; dabei wollte sie die vernichten, die einen Schatten auf sein Genie werfen konnten. Ob in der eigenen Leitung der Festspiele oder in der Erziehung ihres Sohnes Siegfried: Ihre wichtigste Lebensaufgabe sah sie in der Fortführung von Richard Wagners

Erbe. Damit schuf sie eine Ikone, von deren Glanz auch etwas auf sie selbst, die Liszttochter, ausstrahlen sollte. Alle Zeitgenossen, die keine Wagnerfreunde waren, machte sie sich zu erklärten Feinden, was die ohnehin schon durch den Musikdramatiker angelegte Polarisierung noch vertiefte.

Mit dem Enkel Wieland auf ihrem Schoß war ihr Lebensplan mit allen ihren Wünschen in Erfüllung gegangen. Das Beispiel zur Erhaltung dieser Künstlerdynastie war erbracht und in der gelungenen »Thronfolge« Siegfried Wagners vorzeigbar vor der ganzen Welt geworden.

6. WINIFRED WAGNER, DIE »WAHNFRIED-BRUT« UND DER NATIONALSOZIALISMUS

Winifred Wagner war jetzt völlig auf sich gestellt mit den vier Kindern und der Riesenaufgabe am Grünen Hügel. Aber sie war fest entschlossen, die ihr gestellten Aufgaben tatkräftig anzupacken. Ihre Rede vor den Mitarbeitern im Festspielhaus, am Tag nach Siegfrieds Tod war trotzig und willensstark:

»Mitten aus freudig schaffender Arbeit ist unser Führer uns entrissen worden. Dank Ihrer Aller gewissenhaften Pflichterfüllung und getreu dem Geist des Dienstes am Werk nahmen die Festspiele bisher einen störungslosen Verlauf und konnten zu einem beispiellosen Erfolg deutscher Kunst geführt werden.

Ich habe die Mitglieder des Verwaltungsausschusses Dr. Knittel und Fries gebeten, bis auf weiteres die ihnen von meinem Mann übertragenen Ämter fortzuführen. Desgleichen bitte ich alle Mitglieder, den Anordnungen der von meinem Mann eingesetzten und von mir bestätigten künstlerischen und technischen Leiter zu entsprechen, um einen ungestörten Verlauf weiterhin zu sichern.

Ich vertraue auf die Mithilfe aller in der Durchführung meiner verantwortungsvollen Aufgabe.«

Siegfried Wagner hatte seine Frau in seinem Testament zur Übernahme der Festspielleitung bestimmt, allerdings nur unter der Bedingung, dass sie nicht wieder heiratete. Winifred hatte sich – wie Cosima – schon zu Lebzeiten ihres Mannes um alle Angelegenheiten »Wahnfrieds« gekümmert und dabei genauen Einblick in den Wagnerschen Kulturbetrieb gewonnen. Jetzt hätte sie schalten und walten können wie eine Monarchin im Reiche »Wahnfrieds«. Doch sie hatte ein großes Problem. Waren schon bei Cosima anfängliche Bedenken wegen ihrer musikalischen Kompetenz zur künstlerischen Leitung des Festspielhauses aufgekommen, so musste sich Winifred offen und unumwunden eingestehen, dass sie absolut keine professionellen Voraussetzungen für die Leitung der Bayreuther Festspiele vorzuweisen hatte. Cosima, die als Liszttochter zumindest in Anfängen das musikalische Handwerk erlernt hatte, lebte zudem in einer Atmosphäre der künstlerischen Avantgarde um Richard Wagner. Siegfried Wagners Werke schienen dagegen dem rückwärts gewandten Unzeitgemäßen anzugehören, und Winifred hatte bei ihrem Adoptivvater eine geringere musikalische Ausbildung als Cosima erfahren.

Das »Kindchen« Winifred sollte nach dem Wunsch der grauen Eminenzen in Bayreuth eigentlich nur die Dynastie biologisch erhalten. Dass jetzt plötzlich die fremdländische Wagnerwitwe – ebenso hatte man Cosima einst angegriffen – Eigeninitiative entwickeln würde, war nicht vorgesehen. Aber gegen das Testament konnten die Alt-Wagnerianer nichts ausrichten. Winifred hatte längst den vorgegebenen Weg eingeschlagen und überlegte genau, welche weiteren Schritte notwendig waren, um die Festspiele lebendig zu erhalten.

Die Spielpläne waren zwischen 1882 und 1895 stets mit dem *Parsifal* gestaltet worden. Daraus erwuchs den Festspielen ein Sakralcharakter, der nicht unbedingt gewollt war, aber fast automatisch die Bildung einer »Gemeinde« nach sich zog.

Nach dem Ersten Weltkrieg schon, der die nach Bayreuth pilgernden Adelskreise hatte verarmen lassen, schmolz diese »Gemeinde« empfindlich zusammen, sodass eine neue Besucherschicht für Bayreuth gefunden werden musste. Eine allgemeine Öffnung für breitere Publikumsschichten bot sich an.

Dafür allerdings musste nun Kulturwerbung und Pressearbeit betrieben werden. Gleichzeitig eröffnete sich damit die Chance, die künstlerisch veralteten Bayreuther Festspiele auf das höchste Niveau der zeitgenössischen Operninterpretation zu heben. Die Berliner Opernhäuser unter der Generalintendanz von Heinz Tietjen setzten damals Maßstäbe für die ganze Welt auf dem Gebiet modernen Musiktheaters. An der »Lindenoper« wurde speziell eine Erneuerung des Wagnerrepertoires vorangetrieben, das Tietjen zusammen mit dem Münchner Kunstprofessor Emil Preetorius dem begeisterten Großstadtpublikum vorführte, und Siegfried hatte seiner Frau beizeiten empfohlen, sich bei diesen beiden Unterstützung zu holen, wenn ihm etwas zustoßen sollte.

Am 18. Januar 1931 traf Winifred eine Vereinbarung, in der Heinz Tietjen die künstlerische und Wilhelm Furtwängler die musikalische Leitung der Festspiele übertragen wurde. Der Streit zwischen Furtwängler und dem noch von Siegfried Wagner als Gastdirigent verpflichteten Arturo Toscanini war nun vorprogrammiert. Beide dirigierten zwar während der Festspiele 1931, aber zum Eklat kam es dennoch bald, und Furtwängler kündigte seinen Vertrag auf. Nun versuchte man wenigstens Toscanini als Dirigenten zu halten, doch da das Jahr 1932 spielfrei blieb, zogen sich die Verhandlungen schier endlos hin.

Dann kam der Januar 1933. Mit der Machtergreifung Hitlers sollten für Bayreuth alle bisherigen Festspielpläne hinfällig werden. Denn Toscanini lehnte es als überzeugter Antifaschist ab, in Bayreuth weiterhin aufzutreten, und ließ sich auch durch ein Bittschreiben des neuen Reichskanzlers nicht umstimmen.

Der *Völkische Beobachter* verkündete:»Der Festspielhügel soll ein Wallfahrtsort gerade der Deutschen sein.«Bayreuth sollte zum Propagandaort umfunktioniert werden. Winifred dagegen hatte sich ganz naiv vorgestellt, in Eigenregie mit den künstlerischen

Größen aus Berlin die Festspiele leiten zu können, andererseits davon getrennt ihre Freundschaft mit Adolf Hitler und seiner Partei zu pflegen, eine Freundschaft, die immerhin so eng war, dass sich seit Siegfried Wagners Tod hartnäckig das Gerücht hielt, Winifred werde Hitler heiraten.

Der Kontakt zwischen Hitler und den Wagners bestand schon seit 1923. Hitler war damals zu einer Parteikundgebung nach Bayreuth gekommen und wurde auch in Wahnfried empfangen, »nicht als politischer Agitator, sondern als ehrfürchtiger Bewunderer des deutschen Genius Richard Wagner«, wie Winifred Wagner betonte. Sie war sogleich fasziniert von seiner Ausstrahlung, schwärmte von seinen blauen Augen wie ein Backfisch. Ebenso beeindruckt war ihr schon sehr kranker Schwager, Houston Stewart Chamberlain: Er habe erwartet, einem Fanatiker zu begegnen, statt dessen aber den Retter Deutschlands vorgefunden, den Messias der Konterrevolution, begeisterte sich der Rassentheoretiker.

Friedelind Wagner, damals fünf Jahre alt, beschrieb die Begegnung mit Hitler später so: »Er schüttelte Mutter, die ihn Vater vorstellte, die Hände und folgte schüchtern und verlegen in das Musikzimmer und in die Bibliothek, wo er auf Zehenspitzen zwischen den Andenken umherging, als besichtigte er die Reliquien einer Kathedrale. Voll Ehrfurcht starrte er auf die kristallene Opiumpfeife, die Cosima geschenkt worden war; er blieb vor einer Schmetterlingssammlung stehen, die Richard Wagner in Neapel auf der Straße gekauft hatte, betrachtete lange die Platte von Großvaters letzter fotografischer Aufnahme, die gegen das Licht aufgehängt war ...

Nachher gingen wir hinter den Eltern und dem ständig Bücklinge machenden, sich in der ungewohnten Umgebung unsicher fühlenden Gast in den Garten, wo er von der Wagnerschen Atmosphäre weniger bedrückt zu sein schien. Er erzählte den

Eltern von dem Staatsstreich, den seine Partei für Ende des Jahres plane, ein Schritt, der, wenn er gelinge, die sofortige Machtergreifung bedeute. Als er von seinen Plänen sprach, wurde seine Stimme lebhaft, tiefer und klingender, und wir saßen um ihn herum wie ein Kreis kleiner, verzauberter Vögel, die Musik lauschen, achteten dabei aber gar nicht auf das, was er sagte … ›Fühlst du denn nicht, dass er zum Retter Deutschlands bestimmt ist?‹, fragte sie [Winifred] hartnäckig. Vater lächelte nachsichtig; auf ihn hatte dieser krankhaft aussehende junge Mann keinen Eindruck gemacht.«

Auch für Hitler muss der Besuch ein bewegendes Erlebnis gewesen sein, wie Joachim Fest in seiner Biografie feststellt: »Für den von Unsicherheit bewegten, nur in jähen Phantasien zur Gewissheit seines Ranges durchstoßenden Demagogen, der gerade vor einer seiner großen Lebensentscheidungen stand, waren diese Worte wie ein Zuruf durch den Bayreuther Meister selbst.« In seinem Bekenntnis *Mein Kampf* – wozu möglicherweise Winifred Wagner das Schreibpapier ins Gefängnis schickte – beschrieb Hitler seine frühe Faszination für Wagner: »Mit zwölf Jahren sah ich … als erste Oper meines Lebens *Lohengrin*. Mit einem Schlage war ich gefesselt. Die jugendliche Begeisterung für den Bayreuther Meister kannte keine Grenzen.« Auch der selbst gewählte Titel »Führer« soll auf eine Textstelle im *Lohengrin* zurückzuführen sein, wo es – allerdings bezogen auf Gottfried von Brabant – heißt: »Zum Führer sei er euch ernannt!«

Am 9. November 1923, kurze Zeit nach dem Besuch in Wahnfried, unternahm Hitler mit seinen Anhängern tatsächlich den berüchtigten Putschversuch. Siegfried Wagner und seine Frau waren wegen eines Konzerts ebenfalls in München und wurden Zeugen des Geschehens. Wenige Tage später legte Winifred in einem »Offenen Brief« in der *Oberfränkischen Zeitung* ein glühendes Bekenntnis zu dem Putschisten ab: »Seit Jahren verfolgen wir mit

»... ein Wallfahrtsort gerade der Deutschen« – Hitler auf Besuch in Wahnfried. Spaziergang durch den Garten mit Freundin Winifred, die im Wagner-Domizil immer für das rechte Klima sorgte, und den Söhnen Wolfgang (links) und Wieland (rechts).

größter innerer Teilnahme und Zustimmung die aufbauende Arbeit Adolf Hitlers, dieses deutschen Mannes, der, von heißer Liebe zu seinem Vaterlande erfüllt, sein Leben seiner Idee eines geläuterten, einigen, nationalen Großdeutschlands zum Opfer bringt ... Seine Persönlichkeit hat wie auf jeden, der mit ihm in Berührung kommt, auch auf uns einen tiefen, ergreifenden Eindruck gemacht, und wir haben begriffen, wie ein solch schlichter, körperlich zarter Mensch eine solche Macht auszuüben fähig ist. Diese Macht ist begründet in der moralischen Kraft und Reinheit dieses Menschen, der restlos eintritt und aufgeht für eine Idee, die er als richtig erkannt hat, die er mit Inbrunst und Demut einer göttlichen Bestimmung zu verwirklichen versucht. Ein solcher Mensch, der so unbedingt für das Gute eintritt, muss die Menschen begeistern, hinreißen, mit aufopfernder Liebe und Hingabe für seine Person beseelen. Ich gebe unumwunden zu, dass auch wir unter dem Banne dieser Persönlichkeit stehen, dass auch wir in den Tagen des Glücks zu ihm standen, nun auch in den Tagen der Not ihm die Treue halten.«

Bei den Festspielen von 1924 zeigte sich die Verbundenheit mit den Nationalsozialisten schon recht deutlich. Trotz des Parteiverbots füllte sich der Galaempfang mit den Anhängern Hitlers, und nach der Vorstellung wurde das Deutschlandlied angestimmt. Siegfried Wagner war ziemlich erschrocken über die Invasion der Braunhemden und reagierte nach außen mit einem Singverbot: »Das Publikum wird herzlich gebeten, nach Schluss der *Meistersinger* nicht zu singen. Hier gilt's der Kunst!«

Seine Ambivalenz gegenüber den neuen politischen Kräften zeigen auch seine Gedanken nach einem Empfang bei Mussolini in Rom: »Alles Wille, Kraft, fast Brutalität. Fanatisches Auge, aber keine Liebeskraft darin, wie bei Hitler und Ludendorff. Romane und Germane! ... Famose echte Rasse ... Es ist schon trostlos, wie Deutschland herabgekommen ist!« Siegfried Wagner schwankte in seinen politischen Ansichten oft zwischen Konservatismus und Nationalismus. Die Einflüsse und Einflüsterungen waren zahlreich und konträr. Starke Führernaturen bewunderte er, aber ihre Unmenschlichkeiten konnte er nicht ertragen.

Es war Winifred, die den Kontakt zu Hitler herstellte und aufrechterhielt. Dem bald so mächtigen Gast stand das Wohnhaus der Familie Wagner stets offen wie sein eigenes. Er war von »Wini« und ihren Kindern, die ihn Onkel Wolf nannten, sehr angetan und ließ sich von ihnen duzen. Nur mit dem Hausherrn wurde er nicht warm. Auch Joseph Goebbels notierte nach einem Wahnfried-Besuch im Mai 1926 in frivolem Oberlehrerton: »Ein rassiges Weib. So sollten sie alle sein. Und fanatisch auf unserer Seite. Herzige Kinder. Wir sind alle sofort Freund. Sie klagt mir ihr Leid. Siegfried ist zu schlapp. Pfui! Soll sich vor dem Meister schämen. Auch Siegfried ist da. Feminin. Gutmütig. Etwas dekadent. So etwas wie ein feiger Künstler.«

Zu Recht hoffte Winifred nach der Machtergreifung, dass sich ihre Freundschaft mit Hitler für die Bayreuther Festspiele auszahlen würde. Die Festspiele von 1933 waren wegen des schlechten Vorverkaufs sehr gefährdet und wurden erst gerettet, als Winifred nach Berlin fuhr, um vom neuen Reichskanzler persönlich die Zusage zum massenhaften Kartenkauf einzuholen. In der Tat kaufte dann das »Reichsministerium für Volksaufklärung und Propaganda« die noch verfügbaren Festspielkarten auf und vergab sie an verdiente Parteimitglieder. Darüber hinaus erhielten die Festspiele bis 1939 einen jährlichen Zuschuss in Höhe von 100 000 Reichsmark von der Reichskanzlei. Eine Übertragung des *Rings* aus Bayreuth für den staatlichen Rundfunk brachte weitere 100 000 Reichsmark.

Jede Gefälligkeit konnte Hitler jedoch nicht durchsetzen. Bereits 1923 hatte er versprochen, die Aufführung des *Parsifal* exklusiv für Bayreuth zu reservieren, wenn er einstmals die Macht in Händen halten sollte. Doch das konnte er in seinem Kabinett nicht durchsetzen. Auch dem Vorschlag, das private Festspielhaus in Bayreuth von Steuern zu befreien, widersetzte sich der Finanzminister.

Dennoch hatte die Festspielleitung jetzt einige finanzielle Sorgen weniger. Aber die offizielle Unterstützung war natürlich nicht ohne Gegenleistung zu haben. Auch wenn die Bayreuther Aufführungen selbst niemals propagandistisch missbraucht wurden, so verstanden die Nationalsozialisten es doch, die Fest-

spiele durch die reichliche Präsenz von Prominenz und Partei-
schmuck in ihren Dienst zu stellen. Friedelind Wagner erinnerte
sich: »Schon Tage vor der Eröffnung der Festspiele von 1933
trafen SS-Abteilungen in Bayreuth ein. Die Stadt wimmelte von
blauen, grünen, schwarzen, weißen und braunen Uniformen.
Hitler hatte am anderen Ende des Parks ein Haus gemietet, in
einer Sackgasse, die leicht abgesperrt und bewacht werden konnte, und er kam wie ein siegreicher Cäsar zur ersten Aufführung
des *Rings*. Auf der Straße zum Festspielhaus standen alle 50 Me-
ter Polizisten und in der Hauptstraße Schulter an Schulter SS-
Männer, die mit ihren Koppeln die Fahrstraße gegen die Volks-
menge absperrten.«

Für die Gestaltung der Festspiele blieb weiterhin Heinz Tietjen
verantwortlich, der im August 1933 von Winifred in seiner Position als künstlerischer Leiter bestätigt wurde: »Sie, mein lieber
Herr Tietjen, hatten bereits in jahrzehntelanger künstlerischer
Arbeit bewiesen, dass Sie diese allseitige Befähigung zum Werk
besitzen, und die erste Fühlungnahme mit Ihnen brachte die be-
glückende Erkenntnis, dass Sie nicht nur die künstlerischen Qualitäten besitzen, sondern auch die menschliche Größe haben, um
sich restlos hinter das Werk zu stellen und ihm zu dienen. Das
Werden der diesjährigen Festspiele hat mir bestätigt, dass Sie der
Berufene sind. Helfen Sie mir in treuer Zusammenarbeit weiter
und führen Sie meinen Sohn Wieland allmählich seiner Lebensaufgabe zu: der würdige Nachfolger seines Vaters im Dienst am
Bayreuther Werk zu sein.«

Der Berliner Generalintendant hatte ja eigentlich schon früher
zugesagt und tat es auch jetzt, zumal seine persönlichen Beziehungen zu Winifred mit der Zeit über die künstlerischen hinausge-
gangen waren. Wegen Siegfrieds Testament durften jedoch keine
familiären Konsequenzen gezogen werden.

Mit seinen Neuerungen geriet Tietjen bald in Konflikt mit den

Alt-Wagnerianern, vor allem wegen des *Parsifal.* Auf Hitlers Wunsch war das »Bühnenweihfestspiel« neben den *Meistersingern* und dem *Ring* 1933 ins Programm genommen worden, und als namhafter Dirigent wurde dafür der 69-jährige Richard Strauss engagiert. Als die Festspielleitung eine Neuinszenierung plante, protestierten die Konservativen. Ihre »*Parsifal*-Eingabe« brachte klar zum Ausdruck, wozu das Festspielhaus ihrer Meinung nach erbaut worden war: als Denkmal. »Die unterzeichneten alten und jungen Freunde Bayreuths richten daher an die Festspielleitung die dringende Bitte, das Bühnenweihfestspiel *Parsifal* fortan in keiner anderen als der szenischen Urgestalt von 1882 aufzuführen und so zugleich dem Meister von Bayreuth das einzig seiner würdige, weil sein und seiner durchaus einmaligen und unvergleichlichen Kunst Wesen lebendig widerspiegelnde Denkmal zu errichten.«

Die Hauptinitiatoren des Schreibens waren Eva Chamberlain, Daniela Thode und Hans von Wolzogen, aber auch Richard Strauss unterschrieb. Doch Winifred Wagner und Tietjen setzten sich durch, und bereits bei den Festspielen von 1934 waren die Alt-Wagnerianer mundtot gemacht worden. Daniela Thode, die Tochter Cosima Wagners, wurde zu keiner offiziellen Veranstaltung mehr eingeladen. Es war, wie sie selbst in einem Schreiben an Tietjen formulierte, eine Auseinandersetzung zweier Welten: der des 19. und der des 20. Jahrhunderts.

Die folgenden Jahre waren – möglicherweise gerade wegen der finanziellen Unterstützung durch die neuen Machthaber – eine künstlerisch bedeutsame Zeit für Bayreuth. 1936, als das nationalsozialistische Deutschland sich mit der Olympiade im besten Licht präsentieren wollte, glänzten auch die Festspiele mit Spitzenleistungen, zum Beispiel mit Maria Müller, Franz Völker, Margarete Klose und Jaro Prohaska im *Lohengrin*, den Wilhelm Furtwängler dirigierte.

Auch 1936 kam Hitler natürlich nach Bayreuth. Der Rummel um ihn hatte inzwischen groteske Züge angenommen. »In diesem Jahr«, berichtete Friedelind später, »wohnte Hitler im umgebauten Junggesellenhaus neben Wahnfried, und das ganze Haus befand sich in einem Zustand ständiger Spannung. Bereits einige Tage vor seiner Ankunft wimmelte es dort von Polizisten und Geheimdetektiven. Der Milchmann, die Metzger- und Krämerboten, alle Kaufleute, die Zutritt zu Wahnfried hatten, wurden mit nummerierten Ausweisen mit Bildern versehen. Auch wir mussten ständig Ausweise bei uns tragen und sie jedes Mal vorzeigen, wenn wir unser eigenes Haus betraten. Und unsere Gäste durften nur unter der Eskorte von zwei schwerbewaffneten SS-Männern eintreten.

Am Eröffnungstag war ein ganzer Dienerschaftsstab aus Berlin eingetroffen, der das Junggesellenhaus übernahm; unter jedem Fenster patrouillierten SS-Männer ... Die ganze Zeiteinteilung von Wahnfried musste sich Hitlers Lieblingsgewohnheit, die Nacht über wach zu bleiben und den halben Tag zu schlafen, anpassen. Am Morgen durfte niemand seine Stimme über ein Flüstern erheben, bis die Läden in des Führers Schlafzimmer hochgezogen wurden zum Zeichen, dass er wach sei. Wir durften nicht einmal ein Automobil anfahren, die Gärtner mussten unsere vier Wagen aus der Garage und die Anfahrtsstraße hinunter bis zur Straße schieben.«

Im Sommer 1939 stand Hitlers Besuch schon deutlich im Zeichen des nahenden Krieges. Der Führer selbst wohnte den Bayreuther Aufführungen fast andächtig bei und traf gleichzeitig seine geheimen Anordnungen zur Vorbereitung des Angriffs. In Wahnfried waren diese Aktivitäten sicherlich nicht zu verbergen, aber die Hausherrin Winifred schien sich nach wie vor nicht um politische Zuspitzungen zu kümmern. Unmittelbar im Anschluss an die Festspiele begann die Auseinandersetzung um die Freie

Stadt Danzig, durch die Hitler den Zweiten Weltkrieg vom Zaun brach.

Das zweite Kind Winifreds, Friedelind, lebte bei Ausbruch des Krieges im Ausland, in Paris. Ihr Exil hatte aber keineswegs nur politische Gründe – Familienkonflikte spielten dabei zunächst eine viel größere Rolle. Friedelind hatte sich von klein auf als unabhängiges und eigenwilliges Kind bemerkbar gemacht, galt in Wahnfried als widerspenstig und rebellisch. Vor allem mit ihrer autoritären Mutter war sie früh auf Kollisionskurs geraten. Es kam zu drastischen Auseinandersetzungen, etwa wenn Winifred die Kinder zu einer Gemüsediät zwingen wollte. »Erbsen und Bohnen konnte ich einfach nicht hinunterkriegen. Nach vielem Tadeln bei Tisch verlor Mutter dann die Geduld und schickte mich aus dem Zimmer; ich musste auf der Treppe weiteressen. Wenn sie den Teller unberührt vorfand, schlug sie mich und zwang mir das Gemüse die Kehle hinunter. Ich erbrach mich prompt ... Mutter verprügelte mich von neuem, zwang mir wieder eine Portion hinunter, die ich ebenso prompt wiedergab ... wieder Prügel ... wieder eine Portion. Es war offener Krieg, doch Mutter war die Verlierende: sie schlug mich mit der bloßen Hand, sodass ihr die Finger schmerzten, zudem empörte sie mein Gelächter maßlos. Ich hatte nämlich die Entdeckung gemacht, dass Lachen eine ebenso wirksame Erleichterung bei Schmerzen ist wie Weinen, sodass ich, je heftiger sie schlug, umso lauter lachte. Nach einem Jahr dieses Kriegszustandes zwischen uns verzichtete Mutter auf körperliche Züchtigung, da es ihr doch nicht gelang, die Dickköpfigkeit aus mir herauszuschlagen. Sie versuchte nun, mit mir fertig zu werden, indem sie mich zwang, bei Wasser und Brot im Bett zu bleiben, eine entsetzliche Strafe für ein lebhaftes Kind.«

Umso stärker war Friedelinds Bindung an den Vater, dessen plötzlicher Tod sie besonders traf. Zu einer neuen Vaterfigur wurde für sie bald der Dirigent Arturo Toscanini, der damals zu einem Gastengagement nach Bayreuth gekommen war. Zum Rest der Familie, vor allem zu Winifred und den Brüdern Wieland und Wolfgang, wurde das Verhältnis immer distanzierter. Friedelind ging ihre eigenen Wege und übersiedelte nach dem Abschluss der Schule nach England, um Sprachunterricht zu nehmen und sich dort allmählich ein neues Leben aufzubauen.

Als sie zu den Festspielen 1938 nach Bayreuth kam, missfiel ihr nicht nur das abweisende Verhalten der Familie, sondern ebenso die Anwesenheit der Nazigrößen in Wahnfried. Bei einem gemeinsamen Essen stellte Friedelind unbequeme Fragen. »›Was mit den Juden geschehen ist?‹ wiederholte Goebbels die Frage. ›Sie wurden natürlich in ein Konzentrationslager gesteckt.‹ Goebbels fügte mit prahlerischem Lächeln hinzu: ›Wir haben mit diesem Trick ungefähr zwölfhundert geschnappt.‹ ›Und wann werden sie wieder freigelassen?‹, fragte ich hartnäckig. Goebbels machte eine weitausholende, majestätische Handbewegung. ›In diesem Leben nicht mehr.‹ Alle waren mit dem Dessert beschäftigt, ich stocherte mit dem Löffel in meinem Eis und hatte ein schreckliches Gefühl im Magen. Die schrille Stimme von Frau Goebbels erhöhte noch mein Missbehagen. ›Seht euch das Mädchen an, sie ist ganz blass geworden. Mit denen brauchen Sie kein Mitleid zu haben, mein Kind. Nur ja nie Mitleid haben!‹«

In diesem Sommer kam Friedelind zu dem Entschluss, dass sie mit der Wagner-Familie nicht länger zusammenleben konnte. Sie wollte endgültig ins Ausland gehen. Bei der Abreise machte ihr Winifred heftige Vorwürfe: »Du hast jedes Gefühl für Anstand verloren und verkehrst die ganze Zeit mit internationalen Juden und Verrätern. Ich kann nicht zulassen, dass du Deutschland verlässt. Tag und Nacht müsste ich mich sorgen wegen der Schande, die du unserem Namen zufügst.« Friedelind ließ sich nicht aufhalten und mietete sich zunächst in Paris ein, wo sie an der Sorbonne studierte, tagelang Klavier übte und in die Oper ging.

Mit dem Beginn des Krieges wurde der Aufenthalt der Wagnerenkelin im Ausland noch heikler. Anfang 1940 fuhr sie in die Schweiz, nach Tribschen, wo die Familie seit Richard Wagners Tagen immer noch ein Wohnrecht besaß. Dort besuchte sie ihr »Ersatzvater« Arturo Toscanini, der sie schon früher in ihrem Entschluss bestärkt hatte, Deutschland und den Wagner-Clan zu verlassen. Kurze Zeit später tauchte auch Winifred in der Schweiz auf und erzwang ein Treffen mit der Tochter in Zürich. Sie behauptete, Hitler und Himmler persönlich hätten sie beauftragt, die Abtrünnige zur Räson zu bringen. Angesichts dieser »politischen« Mission scheute die Herrin von Bayreuth nicht vor massiven Drohungen gegen ihr Kind zurück. Friedelind zitierte sie später mit folgenden Worten: »Mutters Stimme wurde messerscharf. ›Man hat mich gesandt, damit ich dich vor die Wahl stelle, du brauchst dich nicht sofort zu entscheiden, du hast Zeit, es dir zu überlegen, aber du musst dich entscheiden. Mögest du nun sofort nach Deutschland zurückkehren, wo du für die Dauer des Krieges an einem sicheren Ort hinter Schloss und Riegel gehalten wirst, oder in einem neutralen Land bleiben und dich anständig benehmen. Nur mit deinem Gerede musst du aufhören. Wenn du nicht zustimmst, wird man dich mit Gewalt holen und an einen sicheren Ort bringen.‹

Ich wollte etwas sagen, aber Mutter war noch nicht fertig. ›Und wenn du nicht hören willst, wird der Befehl erteilt, dass du bei der ersten Gelegenheit vertilgt und ausgerottet wirst. Und solltest du es tatsächlich wagen, dich in Feindesland zu begeben, dann weißt du, was das bedeuten würde. Deutschland würde dich ausbürgern, dein Vermögen würde beschlagnahmt, und für den Rest deines Lebens würde dir verboten werden, deine Familie wiederzusehen oder eine Verbindung mit ihr aufzunehmen.‹«

Friedelind ließ sich nicht einschüchtern. Sie wollte sich weder heim ins Reich holen lassen noch zum Schweigen verpflichten.

Mit diesem Gespräch war für sie das letzte Band zu ihrer Familie durchtrennt. Schmerzlich und anscheinend endgültig trennten sich die Wege von Mutter und Tochter auf dem Bahnsteig des Zürcher Hauptbahnhofs. Friedelind war – wie ihr Großvater etwa 100 Jahre früher – eine Emigrantin in der Schweiz geworden. Völlig ungewiss war ihre Zukunft im Frühjahr 1940, doch schon wenige Jahre später wurde deutlich, dass diese Trennung keine Niederlage, sondern ein Sieg war.

Winifred wollte nach Kriegsausbruch das Festspielhaus schließen lassen, wie es ihr Mann 1914 in gleicher Situation getan hatte. Adolf Hitler jedoch ordnete »Kriegsfestspiele« an, um der Welt zu zeigen, dass in Deutschland die Kunst durch einen Krieg nicht zum Schweigen gebracht werden könne. 1940 besuchte er sogar selbst noch eine Aufführung. Es war sein letzter Aufenthalt in Bayreuth. Sein Jugendfreund August Kubizek, der ebenfalls dort war, erinnerte sich: »Frau Wagner berichtete mir, dass sie mit dem Führer telefonisch gesprochen habe. Er fliege tatsächlich zur Aufführung der *Götterdämmerung* unmittelbar aus dem Führerhauptquartier hierher und müsse sogleich nach Schluss dorthin zurückkehren. ›Er hat mich sogleich gefragt, ob Sie hier wären, Herr Kubizek. Er möchte mit Ihnen sprechen.‹«

Das Publikum bestand während des Krieges zu einem großen Teil aus verwundeten Soldaten, Rüstungsarbeitern, Krankenschwestern, aber auch zivilen Arbeitskräften. Ausgewählt und betreut wurden sie von der NS-Organisation »Kraft durch Freude« (KdF), und so stellte man der Festspielleitung auch einen KdF-Offizier für alle Fragen des Besucherverkehrs zur Seite. Dieser Offizier, Bodo Lafferentz, lernte Winifreds jüngste Tochter Verena kennen, die im Sanitätsdienst aushalf, und heiratete sie bald darauf.

Auch Wieland, der Erbe von Bayreuth, ging sehr viel früher als sein Vater den Bund fürs Leben ein. Im Alter von 24 Jahren heiratete er seine Gymnasialliebe, doch es war nichts weniger als eine stets harmonische und kontinuierliche Beziehung.

Gertrud Reissinger hieß die Auserwählte. Schon ihr Onkel Carl war ein Schulfreund Siegfried Wagners gewesen, fiel aber im Ersten Weltkrieg. Gertrud befreundete sich zunächst mit Wielands Schwester Friedelind und war deshalb oft zu Besuch in Wahnfried. Vom Glanz dieser nach Franken eingepflanzten extravaganten Künstlerwelt wurde sie geradezu magisch angezogen. Ihrem eigenen Elternhaus entfremdete sie sich dagegen immer mehr, denn der Vater war ein cholerisch veranlagter, fanatischer Nationalsozialist, und zwischen den Eltern herrschte ein qualvoller Ehekrieg.

Doch bei den nationalsozialistischen »Jungmädeln«, denen sie – wie Friedelind – angehörte, fühlte sich Gertrud wohl. »Die Nazis mit ihrem Klimbim«, so schrieb sie später, erschienen ihr damals gerade das Richtige, um aus den engen Familienverhältnissen auszubrechen. Zu ihres Lehrervaters größtem Verdruss fiel Gertrud in der Schule nicht gerade durch Spitzenleistungen auf und kam 1929 gerade so – wie Wieland auch – über die Runden.

1930, er war 13, sie kaum 14 Jahre alt, verliebten sich Wieland und Gertrud in einem ersten heftigen Frühlingserwachen ineinander. Auch wenn sie von eigentlicher Liebe noch nichts wissen konnten, geschweige denn von Sexualität, begann doch eine intensive, wechselvolle, auch künstlerisch bedeutsame Beziehung. Gertrud hat das Verhältnis später so beschrieben: »Wieland griff nach mir. Ich wurde ergriffen.«

Der Wagnerenkel hatte nicht das unbekümmerte Naturell seines Vaters, er litt unter der frühen Prägung als zukünftiger Leiter eines Kulturunternehmens von Weltrang und politischer Bedeutung. Dem designierten »Kronprinzen« musste zwangsläufig angst und bange werden bei der riesigen und gleichzeitig diffusen Aufgabe, ein Kulturerbe ungeheuren Ausmaßes am Leben zu erhalten. Es musste erst erarbeitet, entrümpelt und schließlich neu interpretiert werden, um der Welt nicht bloß als Opernmuseum zu erscheinen. Die Gymnasiastenliebe bewirkte an Gertrud und Wieland eine erstaunliche Verwandlung. Das von Zöpfen umrahmte und oft angespannte Gesichts Gertruds wurde immer gelöster, wie Wielands Porträtfotos beweisen. Wielands düsteres Gemüt heiterte sich im gleichen Maße auf wie die Übergewichtigkeit seiner Kindheit zurückging, was wiederum Gertrud fotografisch festgehalten hat.

So unschuldig das Verhältnis der beiden in sexueller Hinsicht lange Zeit war, so selbstverständlich ließ sich die junge Gertrud auch immer wieder nackt von Wieland fotografieren, der in diesen Jahren mit Aktdarstellungen seine ersten künstlerischen Versuche unternahm. Das führte zwar das eine oder andere Mal zu Gerede und Empörung. Doch diese Skandälchen schweißten die beiden Einzelgänger nur noch enger zusammen. Ihre Zuneigung bogen beide oft in Streitereien um, die sich später in andauernden Machtkämpfen fortpflanzten und regelmäßig damit endeten, dass er »siegte« und sie weinte. Sublimiert hat Wieland seine Gefühle für Gertrud nur mit seinem Fotoapparat. Die Fotos zeigten, was er empfand.

1933 ging Gertrud mit ihrer Mutter nach München. Die Trennung von Wolfgang nahm sie offenbar schicksalsergeben hin. Allerdings sah man sich jeden Sommer in Bayreuth. 1934 wurde Gertrud zu einem ganzen *Ring*-Zyklus eingeladen. An einem der Abende mit Einladung in Wahnfried wurde sie im Familienkreis inoffiziell als Verlobte des »Erben« von Winifred akzeptiert.

Wieland machte im März 1936 sein Abitur. Bereits einen Tag danach fuhr er mit dem väterlichen Freund Franz Stassen nach Lübeck, wo die Oper seines Vaters, *Der Bärenhäuter* mit seinen Bühnenbildern aufgeführt wurde. Es war Wielands erste öffentliche Probearbeit auf dem Gebiet der Bühnenbildnerei. Das Gesellenstück waren bereits die Bühnenbilder zum *Parsifal* 1936 im Bayreuther Festspielhaus. Wielands Ideen wurden gegen die vom Publikum nicht anerkannten Entwürfe Alfred Rollers ausgetauscht und 1937 für das gesamte Musikdrama vervollständigt. Auch mit der Fotografie beschäftigte sich Wieland weiterhin. Aus der anfänglichen Spielerei mit der »Baby-Box« wurde mit der Zeit eine fast professionelle und kreative Beschäftigung, die ihm so viel Geld einbrachte, dass er 1937 seiner Mutter ein richtig großes Auto, einen Ford V8 schenken konnte. Eine Reise nach Italien im Frühjahr 1938 beförderte bei Wieland den Entschluss zum Künstlerberuf. Er begann in München Malerei zu studieren und konzentrierte sich auf Porträt- und Aktmalerei. Gertrud, die mittlerweile modernen künstlerischen Tanz studierte, stand wieder Modell, aber auch die französische Frau des Monumentalbildhauers Arno Breker ließ sich von ihm zeichnen. Von den bis 1941 von Winifred katalogisierten Bildern ihres Sohnes bestand die Hälfte aus Aktbildern oder Porträts, darunter auch ein lebensgroßes »Führerbild in Öl«.

Dass Wieland als Erstgeborener der »Erbe« der Bayreuther Festspiele sein würde, galt von Anfang an – und nicht nur für Winifred – als ausgemachte Sache. Wolfgang stand lediglich als »Ersatzmann« bereit, den man hoffentlich nicht allzu schnell brauchte. Selbst Wolfgang ging von derselben Voraussetzung aus und hatte dabei den Vorteil, nicht dem Druck ausgesetzt zu sein, den der »Erbe« andauernd auf sich lasten fühlte.

Dennoch schrieb Wolfgang am 12. Februar 1940 seinem Bruder einen Brief, in dem er eine Teilung der Festspielleitung vorschlug: Wieland sollte Festspielleiter und Bühnenbildner werden, er – Wolfgang selbst – für Regie und die künstlerische Leitung zuständig sein.

Doch vorerst hielt Heinz Tietjen, den die Wagnerenkel inzwischen in herzlicher Abneigung »Schwarzalberich« nannten, das Steuer fest in der Hand. Er und Winifred hatten für beide Söhne zunächst einen Ausbildungsplan auf vier bis fünf Jahre ausgearbeitet: Wieland war Malerei und Musiktheorie zugedacht worden, während Wolfgang die Theaterarbeit in der Praxis kennen lernen sollte.

Wieland nahm diese seine Aufgabe fast zu ernst. Gertrud berichtete ihrer Tante, Wieland sei »ziemlich aus dem Gleis gekommen dadurch, dass er sich eingehend mit der Musik abgeben muss.« Immerhin hatte es sich glücklich dabei gefügt, dass der dem Haus Wahnfried befreundete und bisher in Heidelberg tätige Kapellmeister Kurt Overhoff nach München zog und in Winifreds Auftrag den Vorsatz zur intensiven Musikausbildung Wielands gleich praktisch umsetzen konnte. Tagsüber malte Wieland jetzt, und in der Nacht versuchte er so schnell wie möglich seine musikalischen Kenntnisse zu erweitern. Wolfgang wurde zu Heinz Tietjen an die Staatsoper nach Berlin geholt.

Auch das Liebesleben des Erben wollte Winifred nun in ordentliche Bahnen lenken, denn schließlich ging es – wieder einmal – um den Fortbestand der Dynastie. Wielands Beziehung zu Gertrud gestaltete sich nach wie vor sehr locker, und da er offenbar von sich aus seine persönliche Freiheit nicht aufgeben wollte, erteilte seine Mutter ihm 1941 einen regelrechten »Ehebefehl«.

Auslöser waren die privaten Turbulenzen während der Festspielzeit in Bayreuth gewesen. Wolfgang hatte eine hübsche Hamburgerin mit nach Wahnfried gebracht, flirtete aber, nachdem diese sich unverhohlen dem älteren Bruder zugewandt hatte, ganz offen mit Gertrud, die ihrerseits nichts davon wissen wollte. In aller Herrgottsfrühe verließ sie fluchtartig den »Kampfplatz«. Winifred solidarisierte sich mit ihr und fuhr die junge Frau morgens um fünf Uhr im Schlafanzug zum Bahnhof. Wieland spielte verrückt und begrüßte jeden, der Wahnfried besuchte mit: »Willkommen in diesem Narrenhaus.«

Die Wahnfried-Jugend mit Vormund und Festspiel-Gestalter Heinz Tietjen.
Diesen hatte Mutter »Wini« (2. v. links) darum gebeten, »meinen Sohn
Wieland allmählich seiner Lebensaufgabe« zuzuführen.

Nach den Festspielen verlangte Winifred, dass er sich umgehend an Gertrud binden müsse, und wollte eine große Hochzeit in Wahnfried ausrichten. Doch da Wieland eine Abneigung gegen große Zeremonien hatte, plante man schließlich nur eine schlichte Feier in Nußdorf am Bodensee, wo die Familie ein Ferienhaus besaß. Mitte August traf der engste Familienkreis samt Gertrud dort zusammen. Als es jetzt Ernst werden sollte mit dem Heiraten, führte sich Wieland 14 Tage lang wie ein eingesperrtes Wildtier auf. Doch letzten Endes fügte er sich in den Willen der Mutter.

Am 11. September wurde nicht übermäßig ausgelassen der Polterabend gefeiert. Zur standesamtlichen Trauung am nächsten Morgen erschien das Brautpaar bewusst in legerer Straßenkleidung. Winifred persönlich überreichte die Ringe den Neuvermählten, die ihre ersten Daten in die »Sippen- und Ahnentafel« zum obligatorischen »Deutschen Einheitsfamilienstammbuch« eintrugen. Schon um 9.15 Uhr war die offizielle Feier beendet, und danach folgte ein Empfang im Ferienhaus. Am glücklichsten schien dabei das Familienoberhaupt, Winifred Wagner, zu sein.

Um 10 Uhr stand Wieland bereits wieder an seiner Staffelei. Gertrud stand ihm Modell. Ein privates Hochzeitsfoto zeigt das Paar: Gertrud liegt nackt ausgestreckt und liest in einem Buch, Wieland dirigiert daneben aus einer aufgeschlagenen Partitur. »Klar Tisch! Arbeitsteilung« untertitelte Winifred das etwas merkwürdige Bild.

Ohne sich näher zu erklären, streifte Wieland noch am Hochzeitstag den Ehering wieder ab und steckte ihn nie wieder an. Es gab weder Geschenke noch eine richtige Feier, noch eine Hochzeitsreise. Diese erzwungene Heirat glich einem Spuk nach Art des *Fliegenden Holländers*. Wieland hatte panische Angst vor der Ehe mit einer Frau, die er so sehr brauchte und auch haben wollte. Seine innere Zerrissenheit aus Wünschen und Können, Ansprüchen und Pflichterfüllungen waren nicht auf einen gemeinsamen Nenner zu bringen. Gertrud wiederum stand ihm zur Verfügung, weil sie die weltberühmte Bühne von Bayreuth brauchte, um Choreografin zu werden.

Ohne Aufklärung und ohne eigentliche Erfahrung in Liebesdingen ging dieses junge Paar in eine Ehe ohne Glück, die einzig von ihrem Nutzwert für einander und für die Familie bestimmt war.

Die Neuvermählten blieben nach der Blitzheirat noch drei Wochen in Nußdorf unter der etwas peinlichen Aufsicht Winifreds. Dann trennten sich ihre Wege: Gertrud ging nach Perugia, um ihren Italienischkurs zu absolvieren, und Wieland hatte nach dem kurzen, erzwungenen Eheleben in Nußdorf nichts anderes im Sinn, als mit einem Malermodell »freie Liebe« zu praktizieren.

Doch schon nach einiger Zeit stand Gertrud wieder vor der Tür: Sie war schwanger. Wiederum war es die familienbesessene Winifred, die sich offenbar am meisten über die Neuigkeit freute. Da die junge Familie noch kein eigenes Heim hatte, suchte die Großmutter in spe eine Wohnung im Münchner Stadtteil Bogenhausen für sie und richtete sie gleich mit gebrauchten Möbeln ein. Außerdem erhielt das berufs- und mittellose Paar einen monatlichen Scheck von ihr: 600 Mark für Wieland und 200 Mark für Gertrud. Diese völlige Abhängigkeit von der Mutter und Schwiegermutter war eine Belastung für die Ehe und führte zu andauernden Streitigkeiten. Wieland zog sich in sein Atelier in der Kaulbachstraße zurück, und Gertrud wartete in ihrer Wohnung mit den ihr widerwärtigen Möbeln auf ihr erstes Kind.

Die plötzlich mehrfach entstandenen Zwänge und Abhängigkeiten bewogen Wieland, energischer auf das ihm vorbestimmte Ziel der Festspielleitung zuzugehen. Dabei standen ihm freilich nach wie vor Heinz Tietjen als künstlerischer Leiter und sein Bruder Wolfgang als Konkurrent im Wege. Wolfgang machte gelegentlich Ansprüche für die zukünftige Festspielleitung geltend, um eine eigene Existenz aufbauen zu können. Ansonsten übte er sich in Familiensolidarität. Immerhin wurde es langsam Zeit, dass die Rollen im familiären Spiel um die Macht im Festspielhaus verteilt würden. Wieland merkte dazu ziemlich misstrauisch in einem Brief an seinen Bruder an:»Findest du es nicht auch völlig müßig, wenn wir uns jetzt über eine zukünftige Arbeitsteilung in Bayreuth unterhalten oder traust du mir so wenig über den Weg, dass du mich schriftlich oder mündlich für die Zukunft festlegen willst?«

Es war ein explosives Gemisch aus Machtposen und Unklarheiten auf Seiten des Erstgeborenen sowie Anmaßungen und Unterwürfigkeitshaltung durch den brüderlichen Herausforderer. Der zu erwartende Bruderzwist war vorprogrammiert.

So sehr Wieland finanziell von seiner Mutter abhängig war, so sehr hingen die Bayreuther Festspiele von Adolf Hitlers Spendabilität ab. Er favorisierte zwar den Erben Wieland als zukünftigen Leiter der Festspiele, pflegte aber auch den Kontakt zu Wolfgang als weniger schwierigen und zugänglicheren Vertreter der Wagner-Familie. So gab es eifersüchtigen Streit und schriftliche Vorwürfe:»Warst du in Bayreuther Angelegenheiten auch ohne mich beim Führer und wärest in diesem Jahr auch wieder ohne mich zu ihm gegangen, wie du Gertrud im Januar in Bayreuth erklärt hast«, schrieb Wieland seinem Bruder, und weiter:»Hast du im vorigen Jahr Dinge mit dem Führer besprochen, die mich betreffen, wovon ich aber erst nach einem Jahr von dir erfahren habe.«

Am 11. Juni 1942 brachte Gertrud ihre erste Tochter Iris zur Welt. Das freudige Ereignis wurde in Wahnfried mehrere Tage gefeiert. Im Gegensatz zur tristen Hochzeit der Eltern herrschte jetzt ausgelassene Freude zu virtuosen Klängen des von Gertrud eingeladenen ungarischen Pianisten Georg von Vasarhelyi, der auf sämtlichen Musikinstrumenten der Wagnervilla Klangfontänen ertönen ließ.

Der anfänglich etwas enttäuschte Vater, der gerne gleich einen Stammhalter gesehen hätte, verwandelte sich zusehends in ein glückliches Familienoberhaupt, das bald seine kleine Iris vergötterte und mit ihr als Hauptperson ein Familienalbum anlegte. Die trauliche Familiensituation dauerte allerdings nicht lange an, da Winifred Besitz von der Enkelin ergriff. Mitten im Krieg schaffte sie eine komplette Babyausstattung herbei, besorgte eine Amme und enthob die Mutter, die nicht selber stillen konnte, aller ihrer Pflichten. Gertrud ließ die resolute Schwiegermutter gewähren, umso bereitwilliger, als sie sich so mit ihrem Mann den neuen Aufgaben im Festspielhaus und der Theaterarbeit im Allgemeinen besser widmen konnte.

Im November 1942 bekam Wieland Wagner ein Angebot aus Nürnberg, den gesamten *Ring* zu inszenieren. Der Wagnerenkel hatte aber noch nie Regie geführt. Gertrud begriff sofort, sah ihren ratlosen Gatten aufmunternd an und entschied prophylaktisch:»Das machen wir schon!« Das war der Beginn einer künstlerischen Symbiose zwischen den Eheleuten, von denen in der Öffentlichkeit immer nur Wieland als kreativer Theatererneuerer gefeiert wurde. Gertrud blieb ein Leben lang im Schatten ihres Mannes und hatte doch mehr Anteil an seinen Erfolgen unter dem Begriff»Neubayreuth« als irgendein anderer Theatermensch.

Kurt Overhoff hatte zwar bei Wieland allgemeine musikalische Grundlagen gelegt und speziell das Erarbeiten von Wagnerpartituren mit seinem Schüler geübt, aber die über das musikalische Verständnis einer Oper hinaus erforderlichen Fähigkeiten eines Regisseurs zur Darstellung von Inhalten besaß Wieland bislang noch nicht. Seine Talente als Maler und Bühnenbildner halfen nur am Rande dabei.

Richard Wagners Credo von den»ersichtlich gewordenen Taten der Musik« musste auf der Bühne realisiert werden, um das Publikum zu überzeugen. Und Gertrud Wagner hatte als Tänzerin

Der Führer genoss es, sich mit den Wagner-Enkeln zu zeigen.

die Fähigkeiten, die Wieland fehlten, zum Beispiel singende Menschen im Raum der Bühne so agieren zu lassen, dass Inhalt und Ausdruck übereinstimmten. In den zahllosen Gesprächen mit seiner Frau klärte sich erst allmählich für Wieland ab, dass sein Weg als Regisseur zur stilisierenden Vereinfachung führen musste.

Am 1. April 1943 wurde Wieland Wagner von Joseph Goebbels zum Chefregisseur der Opernbühne in Altenburg berufen, wo Kurt Overhoff gleichzeitig die musikalische Leitung übernehmen konnte. Die auch dadurch beförderten ersten Erfolge versetzten das Ehepaar Wagner in Hochstimmung, obgleich wieder nur Wieland anerkannt wurde und Gertrud zurückstand. Sie war es, die sich ständig durch Weiterbildung in Tanz und auch Gesang immer weiter in die Bühnenarbeit hineinfühlen wollte, um die fachlichen

*Links Wieland und Wolfgang, rechts Verena und Friedelind, der allerdings
die Nähe zu den Nazi-Größen eher missfiel.* »*Du hast jedes Gefühl für
Anstand verloren*«, *warf ihr daraufhin Winifred vor.*

Voraussetzungen auch für diesen Teil der Regiearbeit zu erwerben.

Am 6. Dezember 1943 wurde der ersehnte Sohn, Wolf-Siegfried, geboren. Voller Dankbarkeit schrieb Wieland: »Wenn man
sich's überlegt, waren doch die zwei Jahre sehr schön. Vielleicht
gerade, weil sie ohne die sonst übliche anfängliche übertriebene
Wonnestimmung – der früher oder später ja doch eine schmerzlich empfundene Abkühlung folgen muss – waren und im sanften
Auf- und Abwärts einer festen Gemeinschaft verliefen ...

Dass ich ohne dich den Weg zum Theater nie gefunden hätte,
brauch' ich dir wohl nicht erst zu erzählen. Du hast mir *sehr*
geholfen und wirst mir auch weiter viel helfen können – ich ver-

misse dich jetzt schon sehr, da ich hier absolut nichts dazugelernt habe.«

Winifred war überglücklich über den Stammhalter, meldete Hitler das Ereignis und veranstaltete erneut ein großes Freudenfest in Wahnfried. Gertrud konnte dieses Mal nicht dabei sein, konnte wiederum ihr Kind nicht stillen und musste es erneut der Schwiegermutter überlassen, weil sie ins Krankenhaus eingeliefert wurde. Von dort rückte sie allerdings ohne Erlaubnis aus und fuhr nach Bayreuth, wo sie erstmals mit Winifred wegen der Kindererziehung in ernsthaften Streit geriet. Nach Meinung der Großmama brauchte Gertrud die Kinder nur zu gebären. Für deren Erziehung wollte sie dann schon selber sorgen. Ebenso missbilligte Winifred aber auch den künstlerischen Einfluss Gertruds auf ihren Sohn. Eines Tages herrschte sie ihre Schwiegertochter an: »Lass das Theater, kümmere dich um deine Kinder!« Langsam kam Feindseligkeit zwischen den beiden Frauen auf.

Nicht nur Wieland Wagner war jetzt ein am Theater anerkannter Regisseur und ein Familienvater mit zwei Kindern, auch der Bruder Wolfgang war seit dem Frühjahr 1943 mit einer Tänzerin von der Berliner Oper, Ellen Drexel, verheiratet und hatte seine Lehrjahre am Theater abgeschlossen. Er hatte zwar nur eine einzige Oper inszeniert, dafür aber die Organisation und Verwaltung eines großen Theaters von Grund auf zu leiten gelernt. Die Premiere seiner ersten selbstständigen Inszenierung fand am 7. Juni 1944 an der Staatsoper Unter den Linden statt. Es war die letzte Neuinszenierung vor Kriegsende, denn am 1. September wurden alle Bühnen des Reiches geschlossen. So zerschlugen sich für die Brüder Wieland und Wolfgang zunächst alle Hoffnungen auf eine weitere Arbeit am Theater – sei es in Bayreuth oder anderswo.

Insgesamt ging es der Wagner-Familie in diesen Jahren jedoch unverschämt gut, bedenkt man die in ganz Deutschland herrschende Kriegsnot. Winifred ließ von ihrem Personal im Umland »hamstern«, was zu kriegen war und stopfte »Wahnfrieds« Keller bis unter die Decke voll mit allem, was ess- und brauchbar war. Echten Bohnenkaffee bekam sie bis zuletzt vom »Führer« als Weihnachtsgeschenk. Schokolade, frisches Obst und Gemüse wurden regelmäßig für die Wagner-Familie von Lieferungen an öffentliche Verwaltungsstellen abgezweigt.

So schien man sich in Wahnfried lange Zeit nur um die nächste Saison und um die ersten Friedensfestspiele nach dem Krieg in einem neuen Weihetempel der Nazis zu bekümmern. Schon vor der bedingungslosen Kapitulation des Dritten Reiches sollte sich das jedoch ändern. Wieland kam noch im Herbst 1944 in einen »kriegswichtigen Betrieb«, das von Bodo Lafferentz geleitete »Institut für Physikalische Forschung«, das in der Bayreuther »Neuen Baumwollspinnerei« untergebracht worden war. Dort sollten geheime Lenkwaffensysteme für den Endkampf entwickelt werden. Als dies misslang, wurde Wieland für den »Volkssturm« rekrutiert, aber wegen Materialmangels bereits am gleichen Abend der Einberufung wieder nach Hause geschickt. Auch Wolfgang wurde zu einer Tätigkeit beim Bauamt der Stadt Bayreuth verpflichtet, wo er sich um Luftschutzkeller sowie um Behelfsunterkünfte für Flüchtlinge und Ausgebombte zu kümmern hatte.

Am 5. April 1945 wurde die Villa Wahnfried bei einem Bombenangriff weitgehend zerstört. Niemand kam dabei zu Schaden, doch die Familie Wagner hatte fürs erste ihr traditionelles Domizil verloren. Die schwangeren Mütter Gertrud, Verena und Ellen waren schon zuvor aufs Land geschickt worden, während ihre Männer des Krieges wegen die Stadt nicht verlassen durften. Bei Kriegsende verließ dann auch der Rest der Familie Bayreuth: Wieland und sein Schwager Bodo Lafferentz flohen nach Nußdorf zu ihren Frauen, und Winifred lebte mit Wolfgangs Familie in Oberwarmensteinach im Fichtelgebirge, wo sie ein weiteres

Ferienhaus besaß. Dort war bereits am 14. April, am Tag des Einmarsches der Amerikaner, die Tochter Eva zur Welt gekommen, und am 9. Juni wurde in Nußdorf Wielands drittes Kind Nike geboren.

Jetzt waren auch die Wagners bettelarm, und vor allen Sorgen um Wahnfried und das Festspielhaus ging es um das einfache Überleben und die Vorsorge für den nächsten Winter. Die Bitten der jungen Familien an das »liebe Schlachtross« Winifred, das nach wie vor über gute Reserven und Verbindungen verfügte, waren zahlreich und wurden fast alle prompt erfüllt. Aus Nußdorf schrieb Wieland die dringendsten Wünsche für das Weihnachtsfest 1945: »1.) Am nötigsten sind Fett und Zucker für die Kinder sowie Kakao, Trockenmilch und Trockeneier. An sich könnten wir natürlich Grieß und Haferflocken dringend gebrauchen, ... doch nimmt das sicher sehr viel Platz in einem Paket weg. Da wäre dann Honig, – ein Fläschchen Öl für einen Säuglingspopo – ... Käse, Schokolade und Mondamin oder andere Maisprodukte ... und vielleicht etwas Nährzucker wichtiger. 2.) Tomatenmark, Rosinen, Muskat, Zimt, Nelken, Nudeln und als Vitaminersatz Fruchtpasten oder getrocknete Pflaumen, Seife, Schlupfhosengummi, Wolle zum Stricken für Kinderhöschen und Strümpfchen, schwarzen und weißen Faden. Ein paar Kerzen für den Weihnachtsbaum, Reis, Vanille und Ölsardinen. 3.) Jetzt fangen schon die luxuriösen Wunschträume aus schlaflosen Nächten an: ein Cervelatwürstchen, ein Fläschchen Likör.«

An ein Leben in Bayreuth und die Wiederbelebung der Festspiele war vorerst nicht zu denken. Die Musik Wagners war zunächst verpönt und weder im Rundfunk noch auf der Bühne zu hören. Erst im Dezember 1946 berichtete Wolfgang Wagner seinem Bruder, dass in Coburg mit dem *Tannhäuser* die erste Wagneroper in der amerikanischen Zone aufgeführt worden war.

Das Festspielhaus war von den Amerikanern beschlagnahmt,

das Siegfried-Wagner-Haus diente als Offizierskasino und die Wiederherstellung der Villa Wahnfried wurde untersagt. Aber auch wenn die baulichen und finanziellen Voraussetzungen besser gewesen wären, hätte man den Festspielbetrieb nicht ohne weiteres wieder aufnehmen können. Die Familie Wagner war durch ihre Nähe zum Nationalsozialismus diskreditiert, und viele Stimmen sprachen sich dagegen aus, dass sie in Bayreuth jemals wieder zu Einfluss gelangen sollte.

Die Vorwürfe richteten sich in erster Linie gegen Winifred, die Hitlerfreundin und Alt-Parteigenossin. Die »Herrin von Bayreuth« machte aus ihrer Verbundenheit mit dem Diktator gar kein Hehl, doch sie wies jede politische Schuld weit von sich. Alles, was sie getan habe, habe dem Wohl Bayreuths und dem Erbe Richard Wagners gedient, behauptete sie, und immer wieder gelang es ihr, glaubhaft zu machen, dass sie der Ideologie der Nationalsozialisten im Grunde fern gestanden habe.

Kein geringerer als Klaus Mann ließ sich von dieser Darstellung überzeugen. Er besuchte Winifred Wagner am 3. Mai 1945 in Oberwarmensteinach, um sie für die amerikanische Soldatenzeitung *Stars and Stripes* zu interviewen. Sie begrüßte ihn mit den Worten: »Eine Frage, Herr Mann, brauchen Sie gar nicht erst an mich zu richten – ich habe nicht mit Adolf Hitler geschlafen.«

Klaus Mann zeigte sich beeindruckt von Winifred. In seinem Artikel heißt es: »Bei meinen Fahrten kreuz und quer durch Deutschland habe ich endlich einen aufrechten Mann gefunden, und dieser Mann ist eine Frau, typischerweise eine Engländerin von Geburt. Sie war die einzige Person, die sich nicht soweit als möglich von Hitler distanzierte, sondern ihre Freundschaft zu ihm offen zugab und ihn als Kunstkenner lobte … Sie hat beileibe nicht alle, so doch einige seiner Eigenschaften zu rühmen gewusst, ein einzigartiger Fall. Dabei hat sie es an Kritik am Dritten Reich nicht fehlen lassen und sich beispielsweise mit Erfolg geweigert, ihr Theater der Reichsmusikkammer und damit Goebbels zu unterstellen. Sie hatte offensichtlich keine Bindung zur NS-Weltanschauung und schon gar nicht zur NS-Gewaltherrschaft, sondern wohl allein zur Person Hitlers, der sich freilich in der Beziehung zu ihr, ihrer Familie und der Kunst Richard Wagners von seiner besten Seite gezeigt hatte.«

Winifred bereute nichts. Da sie sich unschuldig fühlte, war sie bestrebt, der Familie möglichst rasch wieder den angestammten Platz und Besitz zu verschaffen. Sie hoffte, die englische Staatsbürgerschaft zurückzuerhalten und so der Entnazifizierung zu entgehen. »Dann wäre ich Engländerin, F[riedelind] Amerikanerin, Wolf[gang] noch nicht mal P.G. [Parteigenosse] – und du [Wieland] und Nickel [Verena], da nach 37 P.G. geworden, unbelastet – da wäre es doch gelacht, wenn wir uns unser Recht nicht erkämpfen könnten. Das Schlachtross stampft also wieder ungeduldig und tatendurstig.« Diese unverwüstliche Durchhaltementalität ließ selbst nach Katastrophen wieder überlegen die Häupter erheben und war imstande, alte Schuld zu vergessen oder doch abzuschütteln.

Von anderer Seite erinnerte man aber umso hartnäckiger an die Geschehnisse der letzten Jahre. Friedelind Wagner, die mittlerweile in den USA lebte und sich dort – wie so viele Emigranten – mit Tätigkeiten als Sekretärin, Markforscherin, Reporterin oder Serviererin über Wasser halten musste, hatte 1944 ihr Buch *Heritage of Fire* veröffentlicht, das 1945 auf Deutsch unter dem Titel *Nacht über Bayreuth* erschien. Darin beschrieb sie ausführlich, wie eng der Kontakt der Wagner-Familie zu den Größen des Dritten Reiches gewesen war. Auch die schrecklichen Drohungen, die ihre Mutter 1940 ausgestoßen hatte, um sie nach Deutschland zurückzuholen, fanden sich hier wieder. Allerdings bestritt Winifred diese Äußerungen vehement, und das Buch wurde schließlich auch nicht als Beweismittel gegen sie herangezogen.

Belastendes Material gab es dennoch genug. Winifred musste sich vor einer Spruchkammer verantworten, und es drohte ihr wegen ihrer Parteivergangenheit eine Lagerhaft. Obwohl man ihr riet zu flüchten, stellte sie sich dem Prozess und versuchte das Gericht durch eine sorgfältig ausgearbeitete »Denkschrift« von ihrer Unschuld zu überzeugen. Darin zog Winifred folgendes Resümee:

»Man kann zwar behaupten, dass ich persönliche Beziehungen zu Hitler durch gelegentliche Treffen und durch einige Briefe bis zum Kriege aufrechterhalten habe. Sobald gegenteilige Ansichten eine positive Aussprache unmöglich gemacht haben, kam Hitler nicht mehr zu mir, und ich suchte ihn gleichfalls nicht mehr auf. Keineswegs kann man mir aber vorwerfen, eine aktive Anhängerin der Partei gewesen zu sein. Ich habe vielmehr einen jahrelangen Kampf geführt, der meine entgegengesetzte Haltung in entscheidenden Fragen zu vielen Hilfsbedürftigen in Deutschland, ja in Europa bekannt gemacht hat, denn sonst ließe es sich nicht erklären, dass eine große Anzahl mir völlig Unbekannter in ihrer Bedrängnis sich an mich gewandt haben. Jeder gerecht Denkende jedoch wird anerkennen müssen, dass *ich die Grundsätze der Menschlichkeit und Hilfsbereitschaft offen vor der Welt vertreten habe* und niemals Angst gehabt habe, meine wahre Überzeugung zum Ausdruck zu bringen. Auch scheue ich das Urteil der Zukunft nicht, das mit einem größeren Abstand von den Geschehnissen der Gegenwart erkennen wird, ob ich als alleinstehende Frau meine schwierige Aufgabe erfüllt habe, das künstlerische Vermächtnis Richard Wagners in einer Zeit zu wahren, in der Kriege und Revolutionen die Welt erschüttert haben.«

Erst in der zweiten Instanz fruchtete diese Argumentation, und auch dort nur teilweise. Winifred Wagner wurde als »Minderbelastete« eingestuft, erhielt eine Bewährungsfrist von zweieinhalb Jahren und hatte 6000 Mark in den Wiedergutmachungsfonds zu zahlen. Vor allem aber wurde ihr untersagt, ein Unternehmen zu führen. Als Festspielleiterin konnte sie fortan nicht mehr arbeiten. Also bevollmächtigte sie im Januar 1949 ihre beiden Söhne Wieland und Wolfgang »im Namen der Familie zu sprechen und zu handeln«. Am 21. Januar unterschrieb sie als Familienoberhaupt eine völlige Verzichtserklärung in allen Angelegenheiten der Festspiele.

Als am 29. Juli 1951 die ersten Festspiele nach dem Zweiten Weltkrieg eröffnet wurden, war Winifred nur noch Zuschauerin. Der Bayreuther Bürgermeister sprach den Zusammenhang diplomatisch aus: »Ohne Winifred Wagners Verzicht nach dem Kriege hätte es kein Neubayreuth gegeben, gäbe es heute keine Festspiele.« Das Neubayreuth mussten von jetzt an die Söhne Wieland und Wolfgang mit künstlerischem Inhalt füllen.

Winifred lebte noch bis 1957 in Oberwarmensteinach im »Exil«, wie sie ihr Heim nannte. Erst zu ihrem 60. Geburtstag kehrte sie nach Bayreuth zurück und bezog das Siegfried-Wagner-Haus, das bis Mai 1954 von den Amerikanern besetzt gewesen war. Wieland und seine Familie waren inzwischen in die provisorisch hergerichtete Villa Wahnfried eingezogen, hatten aber zur Abgrenzung gegen den mütterlichen Haushalt und Lebensbereich eine Mauer zwischen den Häusern aufrichten lassen, um der »dynamischen Mimosennatur« beider Parteien ein »positives nachbarliches Leben« zu ermöglichen, wie der Sohn es formulierte. Er wollte sich allerdings auch vom unverbesserlichen Verhalten seiner Mutter distanzieren, die neuerdings Angehörige ehemaliger NS-Größen wie Edda Göring und Ilse Heß ungeniert zu sich einlud.

Für einen familienbegeisterten Menschen wie Winifred war es schmerzlich, dass die Wagners immer weniger eine Einheit bildeten. Die einzelnen Familien gerieten im Lauf der Jahre und Jahrzehnte in Distanz zueinander und auch zu ihr, der Großmutter.

Streitigkeiten, Konflikte und Erbansprüche nahmen überhand. Der Wagner-Clan zersplitterte sich immer mehr. Winifred war häufig in Sachen Wagner unterwegs. Sie besuchte Konzerte und Wagnerverbände in ganz Europa, führte eine ausgedehnte Korrespondenz.

Im Alter von 75 Jahren machte sie sich noch einmal an ein großes Vorhaben im Dienste Richard Wagners: die Gründung einer Stiftung. Es konnte wohl nur der großmütigen alten Dame gelingen, die inzwischen sehr wertvoll gewordenen Erbstücke aus Wahnfried nicht der geliebten Familie zu übereignen, sondern dem deutschen Volk. In diese Stiftung gingen das Festspielhaus, die Villa Wahnfried und sämtliche Nebengebäude, sowie das Richard Wagner Archiv und sämtliche Dokumente ein. Die Idee war nicht neu, aber sehr schwer zu realisieren. Am 2. Mai 1973 wurde endlich die Gründung der »Richard-Wagner-Stiftung« feierlich begangen und von allen Familienmitgliedern, die als Nacherben in Frage gekommen wären, unterzeichnet.

Noch einmal sollte Winifred auch von ihrer Vergangenheit eingeholt werden: Durch die Vermittlung ihres Enkels Gottfried ließ sie sich überreden, Hans-Jürgen Syberberg ein fünftägiges Filminterview zu geben. Der fünfstündige Film *Geschichte des Hauses Wahnfried von 1914 bis 1975* wurde stark beachtet und hart kritisiert, Winifreds offene Auskunftsbereitschaft ebenso. Nach wie vor sah sie ihre Beziehung zu Adolf Hitler ganz unproblematisch:

»... verleugnen werde ich die Freundschaft zu ihm nie, das kann ich nicht. Ja wissen Sie, ich bin imstande, ... den Hitler, den ich kenne, vollkommen zu trennen von dem, was man heutzutage ihm alles zur Last legt ... Der Teil von ihm, sagen wir mal, den ich kenne, den schätze ich auch heute noch, genauso wie früher. Und dieser ganz abzulehnende Hitler, der existiert innerlich für mich eigentlich nicht, weil ich ihn so nicht kenne. Verstehen Sie, ich meine, alles in meiner Beziehung zu ihm beruht absolut auf Persönlichem.«

Mit diesen Äußerungen hatte sie eine Lawine des Protestes losgetreten, obgleich sie eigentlich gar nicht von Hitler, sondern vom Werk Richard Wagners, das sie lebenslang zu betreuen hatte, sprechen wollte. Syberberg dagegen war an der politischen Rolle Winifreds interessiert:»Eine Frau mit Macht, eine frühzeitig Emanzipierte, die sich nur so überhaupt rechtfertigen kann, indem sie glaubhaft bezeugt, wie sie von allem nichts gewusst habe. Politik für Unpolitische, demonstriert an der wichtigsten Quelle, dem einzig von Hitler anerkannten Vorgänger seiner Ideologie: Richard Wagner und seine Musik.«

Auch die Familie war entsetzt über die unvorsichtigen Äußerungen Winifreds, und Wolfgang verhängte sogar ein Hausverbot im Festspielhaus gegen seine Mutter. Dieser Konflikt überschattete noch den 80. Geburtstag der alten Dame im Juni 1977, denn öffentliche Ehrungen fanden nicht statt.

Zum endgültigen Zerwürfnis kam es dennoch mit keinem der Kinder: Zu der Tochter Friedelind entwickelte Winifred in den letzten Lebensjahren ein besseres Verhältnis, und auch mit Wolfgang versöhnte sie sich 1978 bei einem Besuch in Mailand, wo er eine Gastregie übernommen hatte. Die letzten Wochen ihres Lebens verbrachte sie allerdings bei der Familie ihrer Tochter Verena am Bodensee. Dort, im Krankenhaus von Überlingen, starb sie am 5. März 1980 an Herzversagen. Ihr Leichnam wurde nach Bayreuth überführt und auf dem Stadtfriedhof beigesetzt, im Grab ihres Sohnes Wieland, den sie um mehr als 14 Jahre überlebt hatte.

7. PER ASPERA AD ASTRA:
DIE DIOSKUREN WIELAND
UND WOLFGANG WAGNER

» Falls man uns die Festspiele nicht nimmt, was man allem Anschein nach vorhat, wird es sehr schwer sein und Jahre dauern, sie wieder aufzubauen. Aber irgendwie und mit irgendwelcher Hilfe wird es gelingen, und trotzdem ich zur Zeit noch keinen Weg sehe, gebe ich den Glauben an meine Lebensaufgabe nicht auf.« So schrieb Wieland Wagner 1945 in einem Brief.

Die Zukunftsaussichten waren in den ersten Nachkriegsjahren in der Tat alles andere als rosig. Der Wagnererbe lebte in Nußdorf ohne Arbeit und festes Einkommen. Er betätigte sich als Gärtner, studierte Wagnerpartituren und malte. Mit Wagnerporträts konnte er einiges Geld verdienen, doch die finanzielle Situation war und blieb über Jahre sehr angespannt.

Als ehemaliges Mitglied der NSDAP durfte Wieland die französische Zone, in der er sich aufhielt, nicht verlassen, und somit war er in Nußdorf wie im Ausland weit weg von Bayreuth. Nur seine Frau Gertrud konnte mit den Kindern per Passierschein dorthin fahren und brachte dort 1946 ihr viertes Kind Daphne zur Welt.

Wielands Gedanken kreisten immer stärker um eine Fortsetzung der Bayreuther Festspiele. Aber gerade ihm waren die Hände gebunden. Sein Bruder Wolfgang bemühte sich unterdessen, für die Erhaltung des Festspielhauses und seines Fundus in Bayreuth etwas in die Wege zu leiten. Das alte Konkurrenzdenken fand dadurch schon wieder neue Nahrung, denn Wieland konnte aus der Entfernung nicht genau einschätzen, wie weit sich Wolfgang schon mit Wiederaufbauplänen beschäftigt hatte. Auch seiner agilen Mutter Winifred waren natürlich Aktivitäten zuzutrauen, die ohne sein Wissen zu wichtigen Vorentscheidungen hätten führen können.

Umgekehrt pflegte Wieland Kontakt zu Friedelind in Amerika, die ihm über die Schweiz manche Unterstützung zukommen ließ.

Das beobachtete Wolfgang mit Misstrauen, da die Optionen der Schwester auf das Bayreuther Erbe womöglich seine eigenen Chancen für die Festspielleitung geschmälert hätten.

Ohne Zweifel hatte Friedelind schon seit längerer Zeit Ambitionen, die Zukunft der Festspiele entscheidend mitzugestalten. Ihr Erinnerungsbuch *Heritage of Fire* sprach hier eine deutliche Sprache, denn sie erzählte aus ihrer Kindheit, als sei sie des Vaters großer Liebling gewesen und sogar als zukünftige Festspielleiterin von ihm auserkoren worden: »Mein Kinderherz barst fast vor Stolz, als er von mir als seiner Nachfolgerin sprach. ›Eines Tages wirst du die Festspiele führen‹, sagte er oft.«

Man kann sich lebhaft vorstellen, dass solch ein Versprechen – wenn es denn so gemeint und richtig erinnert wurde – einer Kinderseele ein Lebensziel eingehaucht hatte, zumindest aber eine Wunschvorstellung für später einzubrennen vermochte. Zu relativieren wäre allerdings diese Geschichte dadurch, dass gemäß der Tradition der Vortritt dem erstgeborenen Sohn Wieland gebührte und ihm von Siegfried Wagner sicherlich auch zugestanden wurde.

Schließlich tauchte im Januar 1947 Franz Wilhelm Beidler, der Sohn der ersten Tochter von Richard und Cosima Wagner, aus der Schweiz in Bayreuth auf, um mit Wolfgang Wagner – keinesfalls mit dessen Mutter – die Angelegenheiten »Wahnfrieds« zu bereden. Beidlers Bedingung zur Teilhabe an der Festspielleitung, das Festspielhaus in eine Stiftung zu verwandeln, wurde damals von der Familie glatt ausgeschlagen und wäre ohne deren Zustimmung nicht durchsetzbar gewesen. Also zog sich der unerwünschte Vetter unverrichteter Dinge und schmollend wieder zurück.

Sowohl Beidler als auch Friedelind waren von offizieller Seite ermuntert worden, beim Neuaufbau der Festspiele mitzuwirken. Denn die CSU-Regierung in München und auch der Bayreuther Oberbürgermeister Oskar Meyer wollten die politisch belasteten Familienmitglieder nicht mehr in der Festspielleitung haben. Erst die Oberbürgermeisterwahl von 1948, bei der SPD-Kandidat Rollwagen gewann, wendete das Blatt zugunsten der Brüder Wieland und Wolfgang.

Im November 1947 unternahm Wieland mit seiner Frau einen verbotenen Ausflug nach Bayreuth über die Zonengrenze hinweg. Die Besprechungen im Familienrat waren teils erfreulich, teils unbefriedigend wegen Wolfgangs neuerlichen Ansprüchen auf die Leitung der Festspiele. Er war nach wie vor nicht bereit, dem Bruder die alleinige Führung der Bayreuther Festspiele bei einer Neueröffnung zu überlassen.

Zurück in Nußdorf, arbeitete Wieland an Bühnenbildern zu *Tristan*, die von Friedelind für eine Tournee ihrer »Friedelind Wagner Opera Company« in den USA verwendet wurden. Gleichzeitig stellte sie in den Foyers der Theater einige Ölbilder ihres Bruders aus, um seinen Namen bekannt zu machen.

Die Währungsreform vom 20. Juni 1948 bedeutete für die Wagners eine finanzielle Katastrophe. Das beschlagnahmte Festspielvermögen verlor über Nacht seinen Wert, und weder die Stadt Bayreuth noch das Land Bayern konnten Mittel zur Verfügung stellen. Jetzt war auch Winifred mit ihren Mitteln ziemlich am Ende. Einzig die amerikanischen Carepakete halfen überleben. Wieland war verzweifelt, weil er seine zwei ältesten Kinder, die bisher bei der Großmutter gelebt hatten, nun zum Durchfüttern in die Schweiz zu kinderlosen Eltern geben musste. »Ich kriege sie einfach nicht satt«, schrieb er einer Freundin in den USA.»Das grämt mich so, dass es mir die ganze Arbeitskraft nimmt. «Nicht viel besser ging es dem Bruder in Bayreuth, der dort alle Hebel in Bewegung setzte, um die Kriegsschäden in Wahnfried und am Festspielhaus zu beseitigen und Geldmittel für Reparaturen aufzutreiben. Wieland erkannte diese Leistung voll an:»Wolf strampelt sich von früh bis Nacht am Festspielhaus und 1000 anderer Kleinigkeiten ab. Auf Dauer für ihn ein unmögliches Leben.«

Als Wieland hörte, dass Wolfgang konkrete Pläne für die neuen Festspiele auszuarbeiten begann, hielt ihn nichts mehr in Nußdorf. Im November 1948 reiste er nach Bayreuth voraus. Während Wolfgang sich dort im Gärtnerhaus mit seiner Familie eingerichtet hatte, wurde für Wieland im halb zerbombten Wahnfried-Haus ein wohnliches Provisorium zurechtgemacht.

Nachdem Winifred Wagner Anfang 1949 die Festspielleitung an ihre Söhne hatte abtreten müssen und Wieland selbst von der Entnazifizierungskommission als bloßer»Mitläufer« eingestuft worden war, kam man der Neubelegung der Festspiele wieder ein Stückchen näher. Für konkrete Vorbereitungen fehlte zwar nach wie vor das Geld. Allerdings konnte mit einem Darlehen Wahnfried teilweise wieder aufgebaut werden. Und am 22. Mai 1949 – Richard Wagners Geburtstag – wurde sogar die»Wiederweihe« des Festspielhauses mit einem von Hans Knappertsbusch dirigierten Festkonzert begangen.

Eine Sammlung durch Bayreuther Bürger ermöglichte es, die Familie Wagner in ihrem Lebensunterhalt zu unterstützen, damit sie an dem geplanten Vorhaben der Neueröffnung arbeiten konnte. Die Idee des Unternehmers Gerhard Roßbach, eine Industrieumlage mit 100 Mark pro Unternehmen für die Renovierung der Festspiele einzufordern, funktionierte und zog am 22. September 1949 die Gründung des Mäzenatenvereins»Gesellschaft der Freunde von Bayreuth e. V.« nach sich.

Nur ein kurzes Intermezzo: Franz Wilhelm Beidler, Sohn der ersten Tochter von Richard und Cosima Wagner, musste 1947 unverrichteter Dinge von Wahnfried wieder abreisen – die »Familie« gewährte ihm keinen Einlass ins Allerheiligste Bayreuths.

So besserte sich die finanzielle Lage allmählich, und 1950 konnte endlich mit den Festspielvorbereitungen begonnen werden. Über die vielfache Unterstützung in jenen Jahren schrieb Wolfgang Wagner rückblickend:»Die Stadt und ihre Bürger gewährten uns einen Vertrauensvorschuss, der durchaus mit dem vergleichbar war, den Richard Wagner im Bayreuth der siebziger Jahre des vergangenen Jahrhunderts hier empfangen durfte.«

Der eigentliche Einzug der Familie Wieland Wagners in Wahnfried im April 1949 war Gertrud eine detaillierte Beschreibung wert:»›Schee‹ war's wirklich nicht mit all den zusammengewürfelten Restmöbeln, die wir in der Abstellkammer des Festspielhauses zusammensuchten. In der ›Halle‹ war der schöne alte Steinfußboden aus zweifarbigen Solnhofener Platten erhalten geblieben, die Wände waren nüchtern weiß, der große Flügel stand in einer Ecke, auch Daunensofas in Blau waren erhalten; als Novität gab es Südlicht durch ein großes Fenster zum Garten. Der Blick ging bis zum Grab Richards. Über Cosimas Kamin war der Spiegel verschwunden, stattdessen Beethoven, die Kopie des Waldmüller-Porträts. Im Esszimmer tafelten wir noch am originalen runden Esstisch mit den gepolsterten Stühlen. In einer Vitrine Altberliner Porzellan, an der Wand Cosima im weißen Atlasgewand von Lenbach, eine Lisztzeichnung von Ingres. Außerdem Fauteuils in Rotbraun aus der Nazi-Zeit, an der großen Fenstertür nach Norden ein Samtvorhang Marke NS-Geschmack.«

Da Wolfgang Wagner mit seiner Familie noch einige Zeit im Gärtnerhaus neben Wahnfried lebte, hätte es engere familiäre Berührungspunkte geben können, aber man blieb auf Distanz. Gertrud schrieb 1950 über das Verhältnis zur Schwägerin Ellen:»Wir sehen uns fast nie, und wenn, dann grüßen wir uns freundlich wie zwei Fremde. Sie will diesen Abstand, also soll sie ihn haben.«

Familientraditionen wurden dennoch weiter gepflegt. Ein ge-

Optimistischer Blick nach vorn, aber bitte ohne »Weiberdiktatur« – die Gebrüder Wolfgang und Wieland Wagner in den 1960er Jahren.

meinsames Weihnachtsfest mit Winifred, das erste seit 1944 in Wahnfried, und die gemeinsame Taufe der vier Kinder Wielands zu Hause waren bleibende Erlebnisse, die neue Bindungen schaffen sollten.

Formale Absprachen innerhalb der Familie wegen der Weiterführung der Festspiele waren erforderlich: »Wieland und Wolfgang Wagner werden die Festspiele als Veranstalter im eigenen Namen und auf eigene Rechnung fortführen«, heißt es unter Punkt 1 der »Vereinbarung«. Punkt 8 lautet: »Stirbt einer der Veranstalter, so tritt der Überlebende in dessen Rechte und Pflichten ein.« Winifred vermietete das Festspielhaus nach der Rückerstattung durch die Amerikaner an ihre Söhne, wodurch eine Art Leibrente für die Besitzerin ausgezahlt werden konnte. Die beiden Schwestern Friedelind und Verena wurden bei diesen Absprachen einfach übergangen, ganz nach dem rabiaten Motto der Söhne: »Nach Cosima und Winifred Schluss mit der Weiberdiktatur!«

Friedelind meldete sich aus Amerika öffentlich mit einem Schreiben an die Bayerische Regierung und an die Presse. Sie protestierte hauptsächlich gegen den Verkauf von wertvollen Manuskripten Richard Wagners, von denen sie vernommen haben wollte, und meldete ihre Ansprüche an.

Wolfgang hatte gleich eine »Retourkutsche« parat. Er fragte im Namen des Komponisten Gottfried von Einem nach dem Verbleib des Schmuckes, den angeblich dessen Mutter Friedelind im Krieg ausgehändigt hatte. Friedelind schwieg sich ihrer Familie gegenüber in dieser Angelegenheit beharrlich aus, musste aber den Besitzern gegenüber eingestehen, dass sie den Schmuck in einem amerikanischen Pfandhaus hinterlegt hatte, wo er zwangsversteigert wurde, weil sie ihn nicht mehr auslösen konnte. Damit verschlechterte sich ihre moralische Position im Kampf um die Leitung der Bayreuther Festspiele nach dem Zweiten Weltkrieg, obwohl gerade sie als das einzige Familienmitglied ohne kompromittierende NS-Kontakte galt.

Den inzwischen an den Bayreuther Festspielen und der Familie Wagner interessierten Medien standen Wieland und Wolfgang gemeinsam verschlossen gegenüber, in der Hoffnung, dass so nichts von der unangenehmen Vergangenheit an die Öffentlichkeit dringen würde. Das Gewesene sollte vergessen werden und bleiben; dann konnte auch wieder optimistisch nach vorne geschaut werden. Das war schon immer so in der Familie Wagner – meistens die richtige, nicht immer eine moralisch saubere Einstellung.

Gertrud beteiligte sich sehr intensiv an den Vorbereitungen zu den ersten Festspielen nach dem Zweiten Weltkrieg. Mitte September 1950 schrieb sie der Schwiegermutter nach Nußdorf ins Ferienhaus: »Die Besetzung steht nun bis auf ein paar kleine Lücken«. Auch Herbert von Karajan war gewonnen worden, obgleich sich Wieland Wagner nicht gerne von dem musikalischen Tausendsassa, der auch ziemlich viel von Regieführung verstand, in die Karten sehen lassen wollte. Außerdem hatten beide Künstler verschiedene stilistische Vorstellungen, und Wieland konnte schlecht einen zweiten Egomanen neben sich ertragen.

Nur mit seiner Frau Gertrud, die sich stets selbst verleugnen musste, gelang ihm eine dauerhafte künstlerische Zusammenarbeit. Seine genaue Kenntnis von Richard Wagners Partituren und seine Malerbegabung mussten durch eine Personenführung, die aus der Musik hervorgeht, in bewegte Bilder und ausdrucksvolle Gebärden, wie sie Gertrud als Tänzerin beherrschte, ergänzt werden, um das zu ermöglichen, was die Theaterwelt als »Neubayreuth« etikettierte: »Bühnenbilder kann man nicht machen, nur indem man philosophisches Geschwätz loslässt oder inhaltlich redet, sondern da kommt es aufs Theater an. Was brauche ich, was soll der Raum zeigen, und was für ein Theater spiele ich, was für ein Theaterstück, in welcher Zeit. Das wird konkret. Zuerst muss die Spielidee kommen, was mache ich mit den Menschen, was sollen sie darstellen«, war Gertruds nüchterne Analyse zur Regieführung.

Dass Wieland die gemeinsame Leitung der Werkinterpretationen dann doch nur für seine eigenen ausgab, schmälert weder sein unermüdliches Eindringen in die Werke seines Großvaters noch Gertruds Teilhabe am Gelingen einer theatralischen Wiedergeburt des Gedankens von Bayreuth, »ersichtlich gewordene Taten der Musik« der Welt zu präsentieren.

Bei den Proben war Wielands Aktionsfeld auf der Bühne, Gertrud saß im Zuschauerraum. Er hatte alle Bewegungsmuster, die vorher für die Inszenierung ausgearbeitet worden waren, genau gespeichert und an die Interpreten weitergegeben. Gertrud beobachtete aus der Position des Publikums, ob die angestrebte Wirkung sich auch tatsächlich einstellte. Sie schrieb: »Wir waren ein Paar, das die Gestaltung des Inhalts eines Stückes stark in die Hand nahm und in völliger Übereinstimmung – vier Augen, zwei Gehirne, zwei Seelen, die an einer Sache arbeiteten – wir waren in dieser Beziehung schon ein und derselbe.«

Dennoch durfte Gertrud ihre eigene Disziplin, die Choreografie, im *Parsifal* von 1951 praktisch nicht anwenden, weil Wieland sie dafür nicht freigeben mochte. Er bestand darauf, dass seine Frau ihn bei der Arbeit des Regisseurs keine Minute alleine lassen dürfe. Er fühlte sich unsicher ohne sie.

Trotz oder gerade wegen dieser symbiotischen Zusammenarbeit wurde das Familienleben in Wahnfried immer komplizierter und gereizter. Obwohl neben der Köchin auch Gertruds Schwestern Elfriede und Lilo im Haushalt halfen, wurden die Kinder als Störenfriede und Rasselbande empfunden, wenn sie gelegentlich durchs Haus tobten. Wieland war stets übel gelaunt und mäkelte an allem und jedem herum.

Elfriede führte Buch über Wielands zahlreiche Krankheiten und Wehwehchen; sein Benehmen glich manchmal dem eines Hypochonders. »Alles schwimmt vor Mitleid. Drei Frauen sitzen abwechselnd bei ihm am Bett. In erster Linie ist das natürlich die eigene Ehegattin. Ist diese aber einmal fort, erst dann traut sich

Mit Ehefrau Gertrud verband Wieland Wagner zunächst eine dauerhafte künstlerische Zusammenarbeit – mit Nutzwert für Werk und Familie. Das Paar mit den Kindern Iris, Wolf-Siegfried, Daphne und Nike (von links nach rechts).

immer eine der Schwägerinnen heran. Leider ist es ein paar Mal passiert, dass man ihn aus süßem Schlummer geweckt hat … Am dritten Tag steht der Hausherr plötzlich auf und behauptet, er wäre gesund. Aus seinem körperlichen Unwohlsein ergibt sich natürlich eine erdenklich schlechte Laune und ein undurchdringliches Maskengesicht. In einer späten Stunde schleimt er sich aus und beklagt sich über schlechte Behandlungszeit, er wäre immer allein im Bett gewesen, nur wenn er gerade am Einschlafen gewesen wäre, sei jemand ins Zimmer gerumpelt und hätte doof gefragt: ›Ach, du schläfst, entschuldige bitte – auf Wiedersehen.‹ Keiner hätte ihm an Weihnachten Nussschokolade geschenkt, obwohl er genug von den Kindern bekam. Niemand hätte ihm Zeitschriften ans Bett gebracht, dass seine Frau ihm unter Stöhnen aus der Eule einen Stoß mitgebracht hat, hat der Patient in seinem Delirium scheinbar nicht bemerkt.«

Wielands Launen belasteten natürlich auch die Zusammenarbeit im Festspielhaus. Es ging sogar so weit, dass er im ersten Jahr seiner Regietätigkeit seinem alten konservativen Lehrer Overhoff kündigte. Fortan produzierte er Jahr für Jahr eine »Festspielleiche«.

In der vom Krieg verwüsteten Stadt Bayreuth mit rund 60 000 Einwohnern sollte es 1951 mit den Festspielen der neuen Ära losgehen. 37 800 Karten waren im Voraus verkauft worden. Etwa 12 000 Festspielgäste mussten untergebracht werden, obwohl kaum Hotels und nur wenige Privatquartiere vorhanden waren. Wie zur Grundsteinlegung des Festspielhauses 1872 wurde zur Eröffnung Beethovens 9. Symphonie gespielt. Dieses Mal dirigierte Wilhelm Furtwängler.

Obgleich Bundespräsident Heuss und auch Bundeskanzler Adenauer der Premiere fernblieben, kam doch schon genug internationale Prominenz nach Bayreuth, um mit einem Ritual zu beginnen, das sich seither Jahr für Jahr wiederholt: die Staatskarossen-Auffahrt zum Grünen Hügel, Fanfarenklänge zu Opernbeginn, gesellschaftliche Kommunikation in den einstündigen Pausen und offizielle oder private Empfänge nach Aufführungsschluss. Dabei ist der gesellschaftliche Wert der Bayreuther Festspiele derart gestiegen, dass die Vorstellungen Jahr für Jahr mehrfach verkauft werden könnten.

1951 wurde dieses Schwungrad des Erfolgs mit einer *Parsifal*-Inszenierung von Wieland Wagner angeworfen, die zum Opernskandal hätte ausarten können. Nichts war wie ehedem, außer der gewaltig beeindruckenden Musik: kein Wald, kein Weg und keine Karfreitagsaue; keine Blumenwiese, kein Zaubergarten und kein realistischer Gralstempel; kein Schwan, keine Taube und kein Speer. Aber es gab die neue Bühnenwelt mit einer Vision von

Menschlichkeit, wie sie 100 Jahre früher schon Wielands Großvater als Symbol für eine mögliche Zukunft des Menschen nach schrecklichen Verirrungen und grausamster Gewalt vor Augen schwebte. Publikum und Fachleute waren irritiert und betroffen zugleich, schließlich überwältigt von der Tiefe und Intensität des Bühnengeschehens, das nur Zeichen setzte, nicht Operngenüsse erfüllte. Das Stichwort für Wielands und Gertruds Wagnerinterpretationen in den nächsten Jahren lautete »Entrümpelung«. Und die war bitter nötig, um Bayreuth nicht zum Opernmuseum verkommen zu lassen. Wieland Wagner folgte nicht mehr blindlings den Bühnenanweisungen seines Großvaters aus dem vorigen Jahrhundert, sondern dem Wesen seiner Werke, um das von aller Konvention losgelöste »Rein-Menschliche« – wie es schon Richard Wagner gefordert hatte – zum Ausdruck zu bringen. Es ging in der gemeinsamen Regiearbeit des Ehepaares Wagner darum, archetypische Handlungen in einer mythischen Welt zu zeigen und die Psychologie der Handlung durch Gesten und Gebärden unmittelbar verständlich zu machen.

Um zu kompensieren, was er durch die Kriegs- und Nachkriegszeit beim Kampf ums Überleben versäumen musste – zu studieren, zu lesen, zu philosophieren –, hat Wieland nicht nur die Kreativität seiner Frau sich wie selbstverständlich anverwandelt und der eigenen Leistung zugerechnet, sondern auch die Welt glauben lassen, die verlorenen Jahre am Bodensee hatten dazu gedient, die Zeichen der Zeit zu lesen und zu erkennen. Dem war nicht so. Seine Beschäftigung mit moderner Kunst und zeitgenössischer Psychologie war marginal, seine Kenntnisse der Weltliteratur gering, und sein Bekenntnis, er befinde sich intellektuell »diesseits der Quantentheorie und der Atomforschung« eine modische Floskel.

Dennoch war Wieland Wagner ein intellektueller Kopf, der

seine spezifischen Begabungen für das Theater gezielt und sehr effektiv einzusetzen wusste. Dass daraus – nicht nur von ihm selbst, sondern vor allem von seine Bewunderern – ein Mythos um seine Person aufgebaut wurde, kann man einem Wagnerenkel kaum verdenken.

Wielands permanent schlechte Laune, die sich an misslichen Kleinigkeiten zu Zornesausbrüchen steigern konnte, legte sich über die Ehe wie ein bleierner Schleier des Unglücks. Gertrud, die das oft nicht mehr ertragen konnte, flüchtete gelegentlich zu einem befreundeten Arzt nach Überlingen, wobei die bei ihrem Ehemann ausgelöste Eifersucht seine Bindung an sie vertiefen sollte. Die häufigen ehelichen Gewitter und verstockten Missstimmungen wurden aber offensichtlich genauso selbstverständlich wieder weggesteckt wie ein Autounfall auf der wenig befahrenen, aber eisglatten Autobahn des Jahres 1952: »Auf der Autobahn umgefallen, aber es ist nichts passiert«, war der lapidare Kommentar zu einem Ereignis, das böse hätte enden können, aber nicht verhinderte, dass schon eine Woche später mit dem Borgward »Isabella« über München nach Neapel gefahren wurde.

Eine Aussprache mit Verena und Bodo von Lafferentz wegen der Anmietung des Festspielhauses von Winifred Wagner, und die Bestallung der Brüder Wieland und Wolfgang zu Leitern der Festspiele »legten den Keim zu einem Zerwürfnis innerhalb der Familie«, behauptete Verena, die wie Friedelind leer ausgehen sollte. Das Familientreffen eskalierte zu einem handfesten Familienkrach, der am dritten Tag doch noch zu einer friedlichen Einigung führte: dem genannten Vorschlag zuzustimmen.

Die Kritik an den Neuerungen in Bayreuth verstummte, und Wielands Erfolge als Wagnerregisseur richteten die Scheinwerfer der Weltpresse auf ihn. War bisher noch vom »Dioskurenpaar« der Bayreuther Festspielleitung die Rede, so wurden bald nur noch die Leistungen Wielands in den Himmel gehoben, und die seines Bruders bemängelt. Dessen nach wie vor glänzende Organisationsgabe und Verdienste als Finanzchef des Unternehmens wurden zwar anerkannt, brachten aber keinen Ruhm ein, denn der war nur mit künstlerischen Leistungen zu gewinnen. Der Bruderzwist verschärfte sich deshalb ab 1953 zusehends. Wolfgang pochte auf Gleichberechtigung, da er es war, der eine adäquate Ausbildung in Berlin bei Heinz Tietjen am Theater bekommen hatte.

Wolfgang hatte wohl insgeheim auf eine solidarische Zusammenarbeit mit dem erfolgreichen Bruder in Sachen Regie gehofft, der ja ohne seine Frau Gertrud kaum bestehen hätte können. Zudem war Wolfgangs eigene Leistung als Manager des Gesamtunternehmens lebenswichtig auch für Wielands Erfolge.

Aber der Bruder dachte nicht daran, seinen Erfolg zu teilen. Vielmehr sah er in seinem Bruder den Konkurrenten im eigenen Haus und verweigerte seine Hilfe als Ideengeber. Die Mutter der beiden erkannte die Situation und schrieb Wieland – Wolfgang war auch gerade dort – nach Neapel:»Das Problem der Hemmung mit ihm zu besprechen, solange du ihn allein in Neapel hast. Der arme Kerl braucht dich also und bringt es nicht fertig, dir das zu sagen – aber damit ist doch ... eine Aussprache darüber ... ob er es wünscht oder nicht, möglich, meinst du nicht auch?«

Eine brüderliche Verständigung kam dennoch nicht zustande und wurde auch nie angestrebt. Wieland, der sich selber auf Gertrud verlassen musste, wollte keine Hilfestellung aus zweiter Hand geben und war darüber hinaus mit der eingeführten Aufgabenteilung von künstlerischer und technischer Leitung durchaus zufrieden. Nach außen sollte das Markenzeichen der »Dioskuren« auf jeden Fall erhalten bleiben.

Im Festspielsommer 1953 meldete sich Friedelind in Wahnfried an, zum ersten Mal seit 1938. Die Schwester brachte wie immer

Aufregung in den Wagner-Clan. Was wollte sie in Bayreuth? Ihre Bemühungen, auf dem Rechtsweg gegen die Exklusivansprüche der Brüder am Erbe Richard Wagners vorzugehen, waren im Sande verlaufen. Angesichts des künstlerischen Erfolges ihres Bruders Wieland muss sie erkannt haben, dass sie zu spät gekommen war. Sie war diesmal allerdings eine gute Verliererin und verbündete sich mit ihm.

Wolfgang dagegen drängte darauf, Friedelind wieder in die USA abzuschieben. Er hatte sogar einen Vertragsentwurf parat, um die Schwester als »Werbeagentin für die Festspiele in den Vereinigten Staaten« einzusetzen. Zwar gelang es, sie vom eigentlichen Festspielbetrieb fern zu halten, nicht jedoch von Bayreuth. Mit Wielands Unterstützung gründete Friedelind 1959 die »Bayreuther Festspiel-Meisterklasse«, um den künstlerischen Nachwuchs zu fördern.

Auch Gertruds großer Einfluss auf die Festspielarbeit war Wolfgang schon lange ein Dorn im Auge. Aber sie war unverzichtbar. Wieland musste ihr sogar Zugeständnisse machen und ließ sie endlich auch als Choreografin arbeiten, zuerst 1953 bei seiner Münchner Inszenierung von Glucks *Orpheus*. Eine größere Aufgabe war es für Gertrud, als er ihr die Choreografie des »Bacchanals« im *Tannhäuser* antrug. Für die gemeinsame Regievorbereitung zog sich das Paar auf die Insel Sylt zurück. Wieland ließ Gertrud freie Hand bei der tänzerischen und chorischen Gestaltung sexueller Ekstasen in diesem Werk. Den Erfolg damit konnte ihr niemand mehr streitig machen. Der *Tannhäuser* von 1954 wurde allgemein als ein Höhepunkt für den Stil von »Neubayreuth« empfunden, befehdet und bejubelt. Als Honorar auf Quittung gab es für Gertrud einen Gutschein über 1500 Mark, während beim Finanzamt eine Quittung über 30000 Mark eingereicht wurde, aus steuerlichen Gründen.

Die *Tannhäuser*-Premiere hatte noch nicht stattgefunden, als

*Die Widerspenstige auf Besuch in Bayreuth: Friedelind Wagner (rechts) bei
den Festspielen 1956 mit Begum Aga Khan III.*

Gertrud ihren Mann eines Tages zu Hause *in flagranti* mit einer
anderen Frau im Bett überraschte. Von Liebesaffären ihres
Mannes hatte sie schon immer gewusst, aber die Konfrontation
damit im eigenen Haus – und das schon seit geraumer Zeit, wie er
gestand – war für sie ein durch und durch vernichtendes Gefühl.
Wieland aber versank nicht etwa im Erdboden vor Scham, son-

dern begehrte auf: Er lasse sich keine Vorschriften machen über sein Sexualleben, das nicht von seiner Ehe abhänge.

Eine spontane Ehescheidung war wegen der Kinder, der laufenden Verpflichtungen und der Öffentlichkeit nicht denkbar. Dazu kam noch, dass Gertrud erneut schwanger war. Sie hatte dieses Kind zum Zeichen eines Neubeginns ihrer Ehe gewollt. Aber Wieland gab sich gleichgültig. Gertrud reagierte mit einem Schwangerschaftsabbruch. Rat und Schutz suchte sie wieder bei befreundeten Ärzten und ging in den bekannten österreichischen Kurort Tiefenbrunn zur psychologischen Intensivbehandlung, die sie elf Jahre lang wiederholte.

Inzwischen war in Wahnfried – wie im ganzen Wirtschaftswunderland – der Wohlstand ausgebrochen. Die Wagners konnten jetzt wieder so richtig zeigen, wie Neureichtum auch aus Kulturarbeit zu erwerben war. Sie fuhren die neuesten Automodelle und knüpften an die alte Tradition an, in den Süden zu reisen. Besonders Italien und Spanien waren beliebt. Das Essen wurde wieder zum Genuss, und die Damen kauften in den Ateliers der Alta Moda ein.

Zum Lebensgefühl der neuen Zeit gehörte auch mehr Repräsentation in den Wohnungen, die erweitert und neu eingerichtet wurden. Gertrud ließ in Wahnfried Zwischenwände herausreißen. Wolfgang zog mit seiner Familie aus dem Gärtnerhaus in einen Bungalow in Festspielhausnähe. Hier wie dort stand bald auch eine Hollywoodschaukel im Garten, das Aushängeschild für Lebensqualität der Zeit schlechthin.

Das Personal in Wahnfried dezimierte sich zu Gertruds Leidwesen sehr, obgleich kaum irgendjemand sonst sich noch welches leisten konnte. Gertruds zwei jüngere Schwestern verließen den Haushalt von Wahnfried. Die Kinder wurden nacheinander in Internate geschickt, um die Arbeit der Eltern nicht zu stören. Dennoch durften sie im Frühjahr 1955 eine große Autofahrt nach

Spanien mitmachen, wo im »Gran Teatro del Liseo« in Barcelona der von den Eltern inszenierte *Parsifal* mit großem Erfolg gegeben wurde. Die Großmutter, Tante Lilo und Onkel Wolf waren auch dabei.

Winifred konnte es nach wie vor nicht lassen, in die Festspielleitung wenigstens mit Vorschlägen hineinzuregieren. Sie schlug eine Doppeldirektion der beiden Brüder vor, die Wieland ablehnte: »Das von dir beschlossene dualistische System der künstlerischen Führung entspricht weder der Festspiel-Tradition noch den Erfahrungen des Theaters oder der Kunst überhaupt«, argumentierte er. Sie aber setzte sich durch.

Durch seinen Erfolg in Bayreuth erhielt Wieland immer mehr Engagements als Gastregisseur, die er andererseits benötigte, um die ständig wachsenden Ausgaben der Familie, ihren ständig aufwändiger werdenden Lebenswandel zu finanzieren. Das führte zu neuen Konflikten mit Gertrud, die zwar selbst gerne das Geld unter die Leute brachte, aber sich weigerte, ihren Mann bei seinen Gastspielen überallhin zu begleiten. Zu Recht gab sie zu bedenken, dass er sich bei seinen zahlreichen Verpflichtungen nur ausbrennen und stilistisch wiederholen werde.

Die Sopranistin Leonie Rysanek war 1959 als Senta im *Fliegenden Holländer* äußerst erfolgreich und forderte für die Zukunft mehr Gage. Da Wieland aber nicht mehr als üblich zahlen wollte, musste eine neue Senta gesucht werden. Wolfgang Sawallisch schlug Anja Silja vor, die in Bayreuth bereits mehrfach vorgesungen und als »Kindertrompete« bei den Prüfern durchgefallen war. Silja war ein stimmliches Wunderkind, mit zehn Jahren zum ersten Mal öffentlich aufgetreten, hatte sie mit 15 bereits ihr erstes Bühnenengagement. Die freche Göre mit der Berliner Schnauze, Petticoat und wippendem Pferdeschwanz, spielte Fußball neben der Singerei und wollt ganz hoch hinaus ins hochdramatische Gesangsfach. 1960 bekam sie in Bayreuth ihre ganz große Chance, zuerst aber nicht durch Wieland, der mit dem musikalischen Fohlen nichts anzufangen wusste, sondern durch Gertrud. Auf die Frage ihres Mannes:»Was machen wir denn mit der?« erwiderte sie kühl:»Genau so lassen. Das ist gut, das passt.« Und Gertrud sollte Recht behalten. Noch nie war in Bayreuth eine so junge Senta so erfolgreich geworden.

Nicht nur diese unglaubliche Überraschung, sondern auch Siljas kesse Art, sich wie ein normaler Teenager an die jeweiligen Bühnenchefs heranzumachen, um Erfolg zu haben, beeindruckte auch den eitlen Wagnerregisseur sehr. Gertrud blieb vorerst arglos. Auch als Wieland am Weihnachtsfest des Jahres 1961 ständig mit Berlin zu telefonieren hatte, schöpfte sie keinen Verdacht.

Erst als Wieland Wagner und Anja Silja im Frühjahr 1962 bei einer Aufführung von *Tristan und Isolde* in Brüssel öffentlich als Paar auftraten, reagierte Gertrud. Eine kleine Affäre hätte sie, wie zuvor, ihrem Mann nachgesehen, doch sie spürte, dass die junge Künstlerin zu einer ernsthaften Konkurrentin geworden war. Gertrud verlangte, dass die Liaison beendet werde, aber Wieland lehnte kategorisch ab.

In kurzer Zeit bildete sich ein klassisches Dreiecksverhältnis heraus, in dem gelogen und betrogen, geliebt und gelitten wurde. Gertrud kämpfte um ihre Existenz, Anja forderte ihren Liebhaber zu Höchstleistungen heraus, und er wand sich zwischen Verpflichtungen, öffentlicher Verantwortung, männlicher Eitelkeit, künstlerischer Freiheit und feigen Kompromissen. Zwischendurch drohte der Wagnerenkel mit gerichtlichen Schritten, falls weiterhin seine Geliebte mit Schimpfwörtern wie »Aas« oder »Kudammhure« beworfen werden würde.

Auch in Bayreuth gab Anja Silja Anlass zum Bürgerklatsch. Sie lief barfuß durch die Stadt und hatte angeblich behauptet:»Ich schlafe mit jedem Mann nur einmal, nur mit Wieland mach ich's anders.« Das war gefundenes Fressen für die Regenbogenpresse.

Da Wieland von der Sängerin nicht lassen wollte, stellte ihm Gertrud ihre Bedingungen schriftlich zu: Vorerst keine Scheidung, aber ein völlig getrenntes Leben! Wieland verfiel in Demutshaltung: »Du weißt, dass ich dich lieb habe wie eh und je seit 32 Jahren. Du weißt, dass ich ohne dich nicht einen erfolgreichen Schritt gehen konnte und gegangen bin. Muss man Schwächen seines Lebenspartners gar so hassen???«

Auch wenn Gertrud weiterhin als Repräsentantin des Festspielleiters auftrat, trennten sich die Wege des Ehepaares immer mehr. Er war in ganz Europa als Gastregisseur unterwegs, und sie ging auf Kuren und Reisen, wie es dereinst schon des Meisters Frau Minna getan hatte. Die Kinder waren im Studium oder auf Internatsschulen untergebracht.

Vater Wieland stellte 1963 eine fast zynische Bewertungsskala für sie zusammen: »Nr. I: versponnen« – das war Iris; »Nr. II: kurz vor dem Durchfallen« (Wolf-Siegfried); »Nr. III: sehr gut« (Nike); »Nr. IV: Sexbombe Modell 1960«. Das war Daphne, geboren 1946, die später tatsächlich mit entblößten Brüsten als französische Marianne auf der Theaterbühne zu sehen war. Wolf-Siegfried fiel dagegen schon in Bayreuth durch sein Verhalten als Halbstarker auf, der mit schicken Autos den Mädchen imponieren wollte. Und ebenso ließen seine Schwestern Iris, Nike und Daphne keine heiße Party aus, sodass die jüngste Wahnfried-Generation immer wieder zum Stadtgespräch wurde.

Über das »Dritte Reich« und die Verbindungen der eigenen Familie mit Hitler wurden die Wieland- und wohl auch die Wolfgang-Kinder nie aus erster Hand aufgeklärt. Die NS-Vergangenheit schien es – wie in so vielen anderen Familien auch – in Wahnfried nie gegeben zu haben. Nur über Großmutter Winifred und ihre Verbundenheit mit dem damaligen Regime wurde immer offener geredet. Wolf-Siegfried beschmierte eines Tages ihre Türe mit Kaffeesatz: »So braun war unsere Großmutter.«

Das Familiendrama mit Anja Silja ging unterdessen weiter. An der Neuinszenierung der *Meistersinger* von 1963 waren alle drei Hauptfiguren beteiligt. Schon bei den Proben wurde Gertrud von ihrem Mann bloßgestellt und blieb fortan den Aufführungen fern. Nach der Premiere gab es einen Aufschrei der Entrüstung im Publikum gegen die Inszenierung und eine theatralische Ohnmacht Siljas in den Arm Wielands auf offener Bühne. Die Situation war peinlich und entlarvend zugleich.

Nach den Festspielen fuhr Gertrud mit den Kindern nach Sylt und wollte ihren Mann nie mehr wiedersehen. Er hingegen hatte ihr ein kleines Päckchen mit einer kostbaren Uhr zum Angedenken in die Handtasche gesteckt und einen Brief hinterher geschickt: »In der letzten Stunde der diesjährigen Festspiele denke ich an dich: dankbar, traurig, voll Reue und sehr niedergeschlagen. Deine Arbeit war gut – wirklich! Und bedarf nur kleinerer Korrekturen – auch ich will nächstes Jahr alles tun, um unsere *Meistersinger* deinen Ansprüchen etwas näher zu bringen … Gib mir eine letzte Chance bis Weihnachten … ich will bis dahin versuchen, eine Lösung zu finden, die dir und mir … eine Neufindung unseres gemeinsamen Lebensweges ermöglicht.«

Als die Kinder wieder in ihre Schulen wegfahren mussten, kam Wieland nach Sylt und verbrachte einen letzten Urlaub mit seiner Frau. In Keitum kaufte er ihr einen Bauernhof, den er zum gemeinsamen Altersruhesitz ausbauen wollte. Dieses Geschenk sollte »ein Pfand sein, damit unser Leben eine neue Richtung hat«.

Am 22. September trennte sich das Paar von der Ferienidylle. Wieland fuhr nach Köln zu Theaterproben mit Anja Silja. Gertrud traf sich mit ihrer Tochter Daphne zu einem Arzttermin in Göttingen. Sie war jetzt in erster Linie für ihre Kinder da, nicht mehr für ihren Mann, der sie angefleht hatte, mit nach Köln zu kommen.

Gertrud mied aber auch Wahnfried und nahm ihr unstetes

Leben in Luxushotels wieder auf. Gleichzeitig klagte sie Wieland an: »Während du dort mit ihr lebst, liebst, arbeitest, bleibt mir nichts als sinnlos dahinzuvegetieren. Völlig allein, von niemandem gebraucht, für niemand sorgend, sinnlos Geld ausgebend.« Ziemlich überstürzt packte sie ihre Koffer und fuhr nach Köln. Ihr Auftritt während der Generalprobe zum dritten Akt des *Siegfried* erzwang Anja Siljas demonstrativen Abgang von der Bühne und Wielands Zornesausbrüche hinter den Kulissen. Dann schien das Gewitter die Situation gereinigt zu haben. Anja und Gertrud machten sogar gemeinsame Spaziergänge im Stadtwald. Sie waren freundlich zueinander und kämpften doch weiter um denselben Mann. Gertrud brauchte jedoch nicht nur ihn, sondern mehr noch die Arbeit mit ihm und machte deshalb noch weitere Abstriche an ihrer Ehe.

Die nächste Station zu dritt war Kopenhagen, wo der *Tannhäuser* mit Silja in der Doppelrolle von Venus und Elisabeth aufgeführt wurde. Es ging zunächst einigermaßen zivilisiert zu. Dennoch endete das Gastspiel als Skandal, weil Anja Silja plötzlich mit »Callas-Allüren« ihren Liebhaber und Regisseur demütigen wollte und einfach abreiste. Wieland musste vor den Vorhang treten und sich beim Publikum und den anwesenden königlichen Hoheiten wegen Siljas »Unpässlichkeit« entschuldigen.

Bei den Festspielen von 1964 übernahm Gertrud nochmals die Choreografie für *Tannhäuser*. Sie wohnte mit den Töchtern Nike und Daphne, die in der Aufführung mittanzen durften, in Wahnfried, während sich Wieland mit Anja Silja in einem Dorf in der Nähe von Bayreuth einquartiert hatte. Nach den Festspielen ging der alte Trott des Dreiecksverhältnisses weiter: Zuerst Gertrud mit Wieland in Keitum auf Sylt, dann Wieland bei Anja, die neuerdings in München wohnte.

Zu allem Überdruss waren sich die beiden Wagner-Familien in Bayreuth, die »Wielands« und die »Wolfgangs«, immer mehr aus dem Weg gegangen und fremd geworden. Es bestand eigentlich nur noch eine geschäftliche Bindung. Wolfgang versuchte sogar einmal, seinen Bruder regelrecht abzukanzeln. Er rechnete ihm buchhalterisch alle Posten vor, die zu privaten Zwecken und zum Schaden des Festspielunternehmens aufzulisten waren. Der Gegensatz zwischen den Familien ging schließlich so weit, dass selbst der Kontakt zwischen den Söhnen unterbunden wurde und sie nicht dasselbe Internat besuchen durften, erinnert sich Wolfgangs Sohn Gottfried Wagner.

Bei all diesen so offensichtlichen Konflikten und Streitereien war Wieland daran gelegen, nach außen den Anschein einer intakten Familie aufrechtzuerhalten. Zur Festspieleröffnung 1965 bat er seine Frau und seine Tochter Nike, mit ihm demonstrativ über den Festspielhügel zu promenieren. Das war nie vorher so absichtsvoll geschehen.

Bald begann wieder das alte Spiel: Wieland mit Anja im Urlaub auf Ischia – Gertrud in Keitum mit bösen Briefen an ihren Mann und seine Geliebte, die sie jetzt eine »Ehediebin« und »Familienmörderin« nannte.

Die Kinder gingen immer mehr ihre selbstständigen Wege und wussten nicht, wie sie sich den zerstrittenen Eltern gegenüber verhalten sollten. Wolf-Siegfried litt besonders unter der Familienmisere. Er hatte sich erhofft, nach seinem Abitur vom Vater in die künstlerische Arbeit im Festspielhaus einbezogen zu werden. Da dies nicht geschah, begann er mehr aus Verlegenheit ein Architekturstudium in Berlin. Und um die Familienverwirrung total zu machen, führte der Sohn Wielands Geliebte in Berlin provokativ zum Essen aus.

Das letzte gemeinsame Fest mit seiner Familie feierte Wieland Wagner zu Weihnachten 1965 in Bayreuth. Noch einmal saßen alle Familienmitglieder um den traditionell mit Äpfeln und roten Kerzen geschmückten Weihnachtsbaum. Gertrud schrieb in ihr

Tagebuch: »Drei Tage, drei Nächte voller Harmonie. Ein gefülltes Haus mit ihm allein. Ich rede mit ihm von seinen Interessen, vom Theater, wie ehedem und wir sitzen stundenlang nach dem Frühstück und fühlen uns wohl. Wenigstens im äußeren Bereich. Tief drinnen – ich kenne ja nur noch den meinen – ist Resignation, ist beinahe Friede, ist Ruhe, ist Ende.«

Und wieder verschwand Wieland nach einem Anruf Siljas wie ein Dieb in der Nacht aus Wahnfried, um mit ihr in Seefeld Winterferien zu machen.

Die Trennung von Wieland war für Gertrud innerlich fast vollzogen, als sie zu Pfingsten 1966 mit einer Freundin eine längere Reise nach Griechenland unternahm. In Bayreuth begannen unterdessen die Proben zu den Festspielen, und Anja Silja lebte in diesem Jahr sogar in Wahnfried.

Dann kam die Hiobsbotschaft aus Deutschland: Wielands Einlieferung ins Krankenhaus. Gertrud packte sofort ihre Koffer und machte sich auf den Heimweg. Ihre Ängste vertraute sie nur dem Tagebuch an: »Wenn es auch im Moment wohl gut vorbeiging – ist das ein Warnsignal, das ich ernst nehmen muss. *Er* wird es nicht als solches verstehen und sein Leben wie bisher weitertreiben. Die nächste Attacke muss kommen, und ich will nicht dazu beitragen, meinen Kindern den Vater zu nehmen, und ihm auf dem Totenbett erst wieder begegnen.« Das war schon ziemlich prophetisch.

Wie schon sein Vater Siegfried war auch Wieland während einer Probe im Festspielhaus zusammengebrochen und musste mit Verdacht auf Herzinfarkt ins Krankenhaus gebracht werden. Erst später stellte sich heraus, dass es ein bösartiger Tumor am Herzen war, der die Lunge auch schon in Mitleidenschaft gezogen hatte. Es gab offensichtlich keine Rettung mehr. Der Familie wurde der Ernst der Lage allerdings durch medizinische Fachausdrücke mehr verschleiert als erklärt.

Wieland wurde nach München verlegt, und Gertrud besuchte ihn dort am Tag ihrer Rückkehr aus Griechenland am Krankenbett. Das Krankenzimmer war zum Büro umgestaltet, und Wieland sah keineswegs sterbenskrank aus. Von hier aus leitete er jetzt die Proben in Bayreuth. Sein Sohn versuchte sich dabei als ausführendes Organ zu bewähren.

Für die nächste Zukunft plante Wieland offenbar einen Rückzug aus Bayreuth in die Schweiz. Über den Rundfunk hielt er eine Ansprache zur Eröffnung der Festspiele, und Gertrud schien Wahnfried wieder für sich und ihre Familie zurückerobern zu wollen. Anja Silja hatte vorher stillschweigend das Feld geräumt, allerdings nur auf Wielands telefonischen Wunsch hin.

Unabhängig davon setzten sich Wielands Kinder, die alle finanziell noch von ihrem Vater abhängig waren, zusammen, um ihm folgenden Brief zu schreiben:

»Lieber Biber, wir mussten Möppi [Gertrud] gestern Abend von Anjas Anwesenheit in Wahnfried und Sylt erzählen, damit sie es nicht zuerst von einer Putzfrau erfährt. Dass ihr damit jede Möglichkeit eines Zuhauses und einer letzten Lebensbasis genommen ist, ist wohl selbstverständlich. Wir möchten dir nun sagen, dass uns allen Vieren außerordentlich viel daran gelegen ist, für sie und uns zumindest Wahnfried aufrechtzuerhalten. Das heißt, dass wir dich bitten, uns in Zukunft nicht mehr mit Anja zusammenzubringen, denn es hat in letzter Zeit so ausgesehen, als hätten wir uns damit abgefunden. Diese Situationen sind aber nur entstanden, weil wir *dich* sehen wollten und uns dafür keine anderen Gelegenheiten blieben. (Siehe Premieren, Ferien Sylt, Bayreuth usw.) Du darfst nicht vergessen, dass es dann nur geschehen ist aus Rücksicht gegen dich, und um dich nicht durch allzu scharfe Ablehnung zu verletzen. Wir haben bis jetzt möglichst viel geschwiegen, da sich jede Äußerung gegen Anja sofort in Ablehnung von dir gegen uns verwandelt hat. Ehrlich sein hätte also geheißen, sich deine nicht ganz objektive Wut zuzukehren. Wir müssen respektieren, dass du sonst mit ihr zusammenlebst und arbeitest, aber wir stehen eindeutig hinter Möppi, zumal du den Schein der Ehe nach außen aufrechterhalten willst. Durch deine Krankheit war natürlich ein Ausnahmezustand gegeben, währenddessen sich vielleicht ein falsches Bild unserer Position ergeben hat.

Falls du mit diesem allem nicht einverstanden bist, wollen wir dich bitten, Anja zu heiraten, damit endlich auch einmal für uns die Orientierung möglich wird. Da für dich dann Wahnfried Wohnsitz bleiben würde, wir andrerseits aber nicht mit Anja als Mutter zusammenleben wollen, sind wir selbstverständlich bereit, auszuziehen.

Lieber Biber, wir werden deine Handlungen verstehen und akzeptieren und bitten dich, auf uns nicht böse zu sein, aber die Situation ist jetzt leider so, dass uns nichts anderes übrig bleibt, als dir dies mitzuteilen.

Deine Bless, Wummi, Nine, Dussi«

Um das Verhältnis zu Anja Silja endgültig zu klären, erteilte dieses Mal Gertrud Wagner an sie ein Hausverbot. Und da sie schon einmal dabei war, Ordnung zu schaffen, setzte sie ein Protokoll auf, in dem sie verlangte, dass die Kinder alljährlich mit dem Vater – ohne Anja Silja – Ferien machen sollten und dass sich die ganze Familie während der Probenzeit in Bayreuth, der Festspiele und an Weihnachten in Wahnfried zusammenfinden sollte. Das Haus in Keitum würde sie verkaufen und eine monatliche Apanage von 3 000 Mark verlangen. Außerdem: »Kein Verzicht auf erworbenes Recht, im Festspielhaus in Zukunft künstlerisch mitzuarbeiten.«

Ahnungslos über den ernsten gesundheitlichen Zustand ihres

Mannes, blieb Gertrud hart in ihren Forderungen. Und in der Tat schien es zunächst, als würde ein Urlaub auf Sylt die Genesung Wielands einleiten. Dort besuchten ihn seine Kinder.

Ende August musste Wieland wieder nach München, um zu einer klinischen Untersuchung zu erscheinen. Über das Ergebnis wurde erneut ärztliches Stillschweigen verhängt. Weder der Kranke noch seine Familie erfuhren Genaueres über seinen unheilbaren Zustand. Am 25. September 1965 reiste Wieland zu ambulanten Behandlungen erneut nach München. Er wohnte in Anjas leerer Wohnung und ließ sich täglich in die Klinik fahren.

In diesen Tagen beschäftigte er sich mit der Ausbildungssituation seiner Kinder und schrieb jedem einzelnen seine Ansicht darüber. Iris teilte er mit, dass er die fünf Jahre ihres Studiums und weitere acht Semester akzeptiere, danach sei er »allenfalls bereit, noch eine eventuelle Doktorarbeit zu finanzieren«.

Auch Nike hatte zwei Jahre studiert und plante weitere acht Semester. »Dein Studium ist leider meinen Händen entglitten, da du das Studium bei der Musikhochschule, zu der ich dich gebracht hatte, aus eigenem Entschluss nicht fortsetzt. In dem nun beginnenden Studienjahr kann ich dir leider die Extra-Klavierstunden aufgrund meiner durch die Krankheit entstandenen Beschäftigungs- und Finanzsituation nicht extra bezahlen.«

Daphne, die an der Wiener Reinhardt-Schule noch zwei Semester Schauspiel zu studieren hatte, gestand er darüber hinaus zu, »auf ein Jahr ein Sonderstudium, wo immer du willst, zwischen New York und Peking zu bezahlen. Natürlich würdest du mich vor allen Dingen mit intensivem Fremdsprachen-Studium erfreuen.«

An Wolf-Siegfried erging die Mitteilung: »Du hast seit deinem Abitur zwei Berufs-Versuche – Architektur und Malerei – hinter dir und beide aus eigenem Entschluss abgebrochen. Nun kommt eine Art Zwischenjahr mit Sprachenlernen und voraussichtlich mehr oder weniger fruchtbarem Volontieren. Wie ich dir gesagt habe, war und bin ich mit all dem, wenn auch nicht besonders glücklich gewesen, so doch einverstanden. Wenn du dich aber – worüber ich mich sehr freue – nun wirklich endgültig zum Theater entschlossen hast, möchte ich auf alle Fälle, dass du eine abgeschlossene Ausbildung dazu erhältst. Ich habe inzwischen alle nur möglichen Informationen über die Regie- und sonstige Ausbildung in der Reinhardt-Schule in Wien gesammelt und möchte, dass du nach den Festspielen 1967 dort anfängst und bis zur Abschlussprüfung bleibst. Ich werde mich, sobald ich im Winter in Wien bin, selbst um die ganzen Formalitäten kümmern.«

Wielands Zustand verschlechterte sich zusehends. Am 15. Oktober erhielt Gertrud, die sich auf Sylt aufhielt, einen dringenden Anruf aus der Münchner Klinik. Sie eilte zu ihrem Mann und versuchte unterwegs noch ihre Kinder zu erreichen.

Im Krankenhaus erfuhr sie endlich die Wahrheit. Der Patient wusste weiterhin nichts von seinem nahen Tod. Stattdessen gab es leutselige Mitteilungen zwischen dem Ehepaar und Geschäftigkeiten Wielands, als ob nichts Bedrohliches geschehen könnte. Noch am nächsten Tag wurde ausführlich über die nächsten Festspiele und andere Zukunftspläne gesprochen. Gertrud rief noch den Schulfreund Wielands, Dr. Danzer aus Kulmbach, herbei, um dem Patienten die Diagnose schonend beizubringen. Aber Wieland wich aus, und Danzer erklärte der Familie: »Er will nichts wissen, ich kann es ihm nicht sagen.«

In der Nacht an Wielands Bett sitzend, verfasste Gertrud ein Gedicht:

> *O Gott*
> *Schick nicht den Mörder Tod*
> *Schick einen Engel ihm*
> *der sanft deckt seine Not*
> *mit guten Händen weich*

Gott

lass deine harte Macht
nur wissen uns –
doch ihn führ in dein Reich
an zarter Liebeshand

Und lass nicht Nacht es sei um ihn –
zeig ihm dein Land
im Licht

Und nicht
nur Herr der Ruh
Sei Engel – du!

Am Morgen des 17. Oktober war Wieland Wagner tot. Anja Silja war noch in der Nacht von Wien nach München gerast, kam aber zu spät, wie auch der Bruder Wolfgang.

Wielands Leiche wurde nach Bayreuth überführt, die Aussegnung am 20. Oktober in Wahnfried begangen. Am nächsten Tag fand die offizielle Trauerfeier im Festspielhaus statt; anschließend die Beerdigung auf dem Stadtfriedhof Bayreuth.

8. WOLFGANG WAGNER UND DAS WELTKULTURERBE

Nach dem unerwarteten Tod des älteren Bruders übernahm Wolfgang Wagner die alleinige Verantwortung für die Festspiele, wie es 1949 vereinbart worden war. Mittlerweile hat er eine Amtszeit von über 50 Jahren erreicht, mehr als jeder andere Festspielintendant der Welt. Unter seiner Ägide wurde seit 1966 die Erfolgsgeschichte Bayreuths nach dem Zweiten Weltkrieg fortgeschrieben, und jedes Jahr aufs Neue übertrifft der Andrang der Interessenten das Kartenangebot um ein Vielfaches.

Als Regisseur stand Wolfgang Wagner lange im Schatten Wielands, der mit seiner radikalen Inszenierungsreform unter dem Begriff »Neubayreuth« zu Weltruhm gelangte. Dagegen wurden seine, Wolfgangs, Wagnerinterpretationen, der *Lohengrin* von 1953, der *Fliegende Holländer* von 1955, der *Tristan* von 1957, als handwerklich gediegen und konservativ missachtet oder kritisiert. Spätestens seit seiner *Ring*-Inszenierung von 1960 galt er vielen Kritikern als Epigone, der mehr oder weniger unverhohlen auf Stilmittel des Bruders zurückgriff. In diesem Fall hatte Wolfgang eine dreh- und zerlegbare Schale auf seine Bühne gestellt, in der viele eine hilflose Kopie der berühmten »Wieland-Scheibe« sahen.

»Ähnlichen diskreditierenden Umgang pflegte Wolfgang auch mit dem ›entrümpelten‹ Raum Wielands. War in Wielands leerer Bühne eine langsame, oft als ›statuarisch‹ empfundene Bewegungsführung sorgfältig hineinkomponiert, die – dank der Arbeit Gertruds – eine ›Gesamtchoreografie‹, ein Spannungsgefüge, darstellte, so wurde die leere Bühne Wolfgangs – in seinem *Tristan* etwa – nach den Spielregeln der Opernkonvention irgendwie ausgefüllt und erzeugte deshalb gähnende Langeweile.«

Was die Wielandtochter Nike hier mit so schneidender Polemik beschreibt, empfanden viele Kritiker ähnlich. Das breite Publikum allerdings schien sich nicht daran zu stören und sah bis in die siebziger Jahre in Wolfgang den ebenbürtigen Vertreter »Neubayreuths«: Nike glaubt, dass »die Wahrnehmungsfähigkeit der Öffentlichkeit geblendet war: zwei Brüder – ein Bayreuth! Wer konnte schon die feinen Unterschiede ausmachen? Es war doch schön, dass die äußeren Züge der neuen Wagnerproduktionen einander ähnlich waren.«

Nach Wielands Tod konnte Wolfgang freier und eigenständiger das Festspielprogramm gestalten. In dieser Zeit brachte er 1967 den *Lohengrin*, 1968 die *Meistersinger*, 1970 den *Ring*, 1975 den *Parsifal*, 1981 nochmals die *Meistersinger*, 1985 den *Tannhäuser* und 1985 nochmals den *Parsifal* neu heraus.

Offenbar spürte er aber auch selbst, dass er einem drohenden »Wagnermuseum« auf dem Grünen Hügel Vorschub leistete, wenn er nur auf die eigenen Inszenierungen setzte. Deshalb und zur Teilung der Lasten holte er verstärkt externe Regisseure ins Festspielhaus, die mit ihren teilweise spektakulären Deutungen der Wagnerschen Werke das gewohnte Weltniveau erst eigentlich auswiesen. So wurde zum 100-jährigen Jubiläum des Festspielhauses 1976 die zunächst stark angefeindete Neuinszenierung des *Rings des Nibelungen* durch das französische Künstlerteam Boulez/Chéreau/Peduzzi/Schmidt eine Weltsensation. Die schon im Voraus bejubelte nächste Neugestaltung des *Rings* 1983 durch den Engländer Peter Hall mit dem Dirigenten Georg Solti erfüllte hingegen nicht die hochgespannten Erwartungen des Publikums.

Bis zum Tode des älteren Bruders stand er im Schatten Wielands.
Wolfgang Wagner mit seiner ersten Ehefrau Ellen.

Die schon nach fünf Jahren neu inszenierte Geschichte der *Nibelungen* leitete bereits über in einen Inszenierungsstil, der die totale Verstörung der handelnden Personen zum Prinzip erhob. Ob dieses »Bild unserer Zeit« als Werkdeutung lange andauern wird, fragt sich nicht nur manch langjähriger Festspielbesucher.

Dennoch muss festgehalten werden, dass die Öffnung des Festspielhauses für namhafte, externe Regisseure, aber auch einige Gastspiele von Festspielproduktionen im Ausland, wie der *Tannhäuser* 1989 in Japan, sowie zahlreiche Fernsehaufzeichnungen die eigentlichen Verdienste des amtierenden Bayreuther Patriarchen darstellen. Denn so notwendig bei Neubeginn der Festspiele nach dem Zweiten Weltkrieg der schöpferische Impetus des »Künstlers« Wieland war, so erfolgreich ist bis auf den heutigen Tag die pragmatische und kommerzielle Einstellung des Bruders für die Bayreuther Festspiele. Wolfgang Wagner konnte es sich durchaus leisten, längere Zeit auf den Wogen dieses Erfolges – wie er einmal beiläufig bemerkte – den Festspielen ihren Lauf zu lassen, ohne Untergangsszenarien befürchten zu müssen.

Dieser Pragmatismus, gepaart mit ausgeprägtem Machtinstinkt, kennzeichnet viele seiner Lebensentscheidungen, ähnlich wie bei seiner Mutter. Dass Wolfgang das Bewährte und Wohlgeplante allemal lieber ist als das himmelstürmend Genialische, wird schon deutlich, wenn er vom eigenen Werdegang spricht: »Ich hatte mich für das Theater entschieden und bedurfte somit einer koordinierten und systematischen Ausbildung, da ich weder damals noch zu einem anderen Zeitpunkt jene fabelhafte Genialität und absolute Prädestination in mir verspürte, wie sie, verbunden mit einem verblüffenden Sendungsbewusstsein, manch anderen Mitgliedern der Wagner-Familie eignet, was scheinbar oder tatsächlich untergeordnete Beschäftigungen von vornherein ausschließt, dagegen häufig genug Spitzenpositionen voraussetzungslos, aber vehement einfordert.«

In dieser Familie prallten die Temperamente aufeinander, sie ist eine Ansammlung von Individualisten, in der es selten Harmonie, umso mehr Konflikte und Feindschaften gab. Wolfgang Wagner hat, wie es scheint, stets darunter gelitten, auch wenn er selbst seinen Anteil daran hatte. Jedenfalls war er schon in der Nachkriegszeit darauf bedacht, das Wagnererbe und die Durchführung der Festspiele juristisch voneinander zu trennen. Kein zerstrittener Familienrat sollte das Sagen auf dem Grünen Hügel haben, sondern nur die Festspielleitung – er und sein Bruder.

Wer fortan bei den Bayreuther Angelegenheiten mitreden wollte, der bekam es mit Wolfgang Wagner zu tun – und das galt vor allem für die Frauen in der Familie. Mit Argwohn betrachtete er Gertrud, die so viel Anteil an Wielands Festspielarbeit hatte, dass Wolfgang ihn »nicht mehr für autonom halten« konnte. Doch seine Haltung wurde hier wohl nicht nur von der Sorge um die »Autonomie« der Festspielleitung bestimmt, sondern auch von der Missgunst angesichts des künstlerischen Erfolges der beiden. Daher bootete er Gertrud nach Wielands Tod aus und sorgte dafür, dass sie keine weiteren Aufgaben mehr übernehmen konnte.

Mehr als alle anderen Familienmitglieder widersetzte sich Wolfgang auch den Versuchen der Schwester Friedelind, sich in Bayreuth zu engagieren. Die beiden trennten offenbar schon seit der Kindheit Welten: »Im täglichen Zusammensein wirkte sich dies so aus, dass meine ältere Schwester beherrschend das große und mitunter schnodderige Wort führte, was meinen Vater zwar amüsierte, meine Mutter aber sehr oft dazu zwang, sie zurechtweisen zu müssen. Nun, Friedelind meinte nach meiner Ansicht, ihre Opposition und ihr Rebellentum aus Prinzip dürfe sie bis an ihren Tod als Lebensform beibehalten. Sie gebärdete sich stets auffallend und zog allein durch die Lautstärke ihres Sprechens die Aufmerksamkeit aller Umstehenden auf sich. Einmal schlug jemand vor, sie solle statt Friedelind besser ›Krachlaute‹ heißen.«

Bei dieser Einschätzung blieb es, auch nach dem Zweiten Weltkrieg, als Friedelind sich »im Vollbesitz sämtlicher nur denkbarer Voraussetzungen für die Übernahme der Festspielleitung« wähnte, wie Wolfgang ironisch kommentierte. Alle Aktivitäten der Schwester waren für ihn Ausdruck einer großsprecherischen Selbstüberschätzung.

So kann es nicht verwundern, dass er ihr nicht lange nach Wielands Tod endgültig den Stuhl vor die Tür setzte. Aus finanziellen Gründen und wegen Interessenkollisionen verkündete er das Ende ihrer Bayreuther Meisterklassen und untersagte ihr schriftlich das »Betreten der Weihestätte«.

Dennoch gab Friedelind ihre Arbeit um Wagner und die Festspiele nie auf. Sie inszenierte 1967 in Bielefeld den *Lohengrin* als szenisches Oratorium im Stil ihrer Schwägerin Gertrud Wagner. Wolfgangs Kommentar dazu: »Die Frau hat ihre erste Inszenierung gemacht in einem Alter, in dem mein Bruder ... gestorben ist, mit Neunundvierzigdreiviertel. Wenn sie mit ihrer zweiten Inszenierung wartet, bis sie Neunundneunzigeinhalb ist, ist es gut. Aber sie sollte sich abgewöhnen, zu behaupten, ich, ihr Bruder, mache nur Scheiße.«

1972 gründete Friedelind in London ein Opernstudio, das unter anderem der Wiederbelebung von Siegfried Wagners Bühnenwerken diente, etwa der Uraufführung seiner Oper *Der Friedensengel* im Jahr 1975. Die Wagnerenkelin starb 1991, mit 73 Jahren, in einem Sanatorium im westfälischen Herdecke, ohne noch einmal in Bayreuth gewesen zu sein.

Friedelind Wagner hatte seit den dreißiger Jahren und vor allem nach dem Ende des Zweiten Weltkrieges immer für das »andere«, vom Nationalsozialismus unbelastete Bayreuth gestanden. Neben Franz Wilhelm Beidler war sie das einzige Familienmitglied ohne braune Flecken auf der Weste, und deshalb sah es einige Zeit so aus, als hätte sie gute Chancen, die zukünftige Festspielleitung zu übernehmen.

Mit ihrem Buch hatte sie 1944 ihre Ambitionen durchaus zum Ausdruck gebracht, aber in den entscheidenden Jahren war sie nicht persönlich in Bayreuth angetreten. Anders als ihre Brüder, die näher am Geschehen waren, hatte sie nicht energisch genug ihren Willen zu erkennen gegeben, das Ruder in die Hand zu nehmen. Und als sie 1953 schließlich in Bayreuth auftauchte, waren die Dinge längst entschieden. Ihr starkes Engagement für Wagners Erbe sollte dennoch nicht unterschätzt werden, so sehr es am Rande des Festspieltrubels immer wieder in Vergessenheit geraten ist.

Friedelind hatte ganz offen darüber berichtet, wie sie in ihrer Jugendzeit Hitler und anderen Nazigrößen begegnet war, in Bayreuth, in der Reichskanzlei oder anderswo. Außer ihr war nach dem Krieg jeder in der Wagner-Familie bemüht, seine eigenen Beziehungen zu den Machthabern des Dritten Reiches zu bagatellisieren. Wolfgang, der anders als seine Mutter und seine Geschwister Wieland und Verena nicht Mitglied der NSDAP geworden war, hielt noch in den neunziger Jahren an dieser »Familientradition« fest: »Obwohl ich ganz und gar nicht etwa menschenscheu und kontaktarm war, vermied ich es doch weitgehend – im Unterschied zu meinen Geschwistern –, bestimmte offizielle Verbindungen zu knüpfen oder zu pflegen, die sich durchaus auch für mich hätten ergeben können ... ich ... verharrte vielmehr in vorsichtigem Sicherheitsabstand zu all der schillernden Verführungskraft lockender Möglichkeiten und Offerten, denn auf den ebenso bequemen wie zugleich gefährlichen Wegen über ›Beziehungen‹, seien sie nun auf freundschaftliche oder dubiose Weise wirksam, wollte ich für mich nichts erreichen.«

Wenn Wolfgang Wagner seine Eindrücke von Adolf Hitlers Besuchen in Bayreuth wiedergibt, hat es den Anschein, als sei der politische Verbrecher des Jahrhunderts, sobald er Wahnfried betreten hat, in die Hauptrolle eines österreichischen Salonstückes geschlüpft: »Die nunmehr jeweils während der Festspielzeit gegebene unmittelbare Anwesenheit Hitlers auf dem Wahnfried-Grundstück, in direkter Nachbarschaft also, führte dazu, dass er ... seine bohemienähnliche Geselligkeit auf uns, meine Geschwister und mich, ausdehnte, indem er uns kommen ließ und einlud. Gegenüber meiner Mutter zeigte er stets tadellose Umgangsformen, benahm er sich wie ein Kavalier altösterreichischer

Schule. Er küsste, sich verneigend, ihr die Hand und war reserviert zuvorkommend; in Gesprächen hörte er, keinen von uns unterbrechend, aufmerksam und aufgeschlossen zu. In unserer Gegenwart vermied er jedes unbeherrschte Aufbrausen, auch wurden durch ihn keine Teppiche durch Bisse entwertet. Man konnte und musste den Eindruck gewinnen, dass er in unserem Kreise einen Ersatz für die ihm fehlende Harmonie, die man gemeinhin in der Familie erwartet, suchte, ja vielleicht sogar finden würde.«

Hitlers dunkle Seiten habe man in der Villa Wahnfried also gar nicht recht kennen lernen können. Darum habe es nach 1945 auch keinen Grund gegeben, über schuldhafte Verstrickungen nachzudenken:»Mein Bruder nicht, ich ebenso wenig hatten zum Glück Veranlassung, in Sack und Asche zu gehen und uns reuevoll an die Brust zu schlagen. Auch hatten wir uns nichts Verbrecherisches zuschulden kommen lassen und mussten nach keiner Rechtfertigung für Getanes oder Unterlassenes suchen. Vielmehr sannen wir darauf, wie wir produktiv und eigenschöpferisch wirksam werden könnten. Unsere Vergangenheitsbewältigung waren die Bayreuther Festspiele, wie sie sich seit 1951 bis auf den heutigen Tag alljährlich neu und lebendig in Kontinuität und Wandlung der Weltöffentlichkeit kundgeben.«

Von Selbstzweifeln haben sich die Vertreter der Wagner-Dynastie niemals plagen lassen, und wäre es anders gewesen, so hätten sie vielleicht nicht die Tatkraft und Durchsetzungsfähigkeit aufbringen können, um die Bayreuther Festspiele am Leben zu erhalten. Man ist kämpferisch, bis zum Fanatismus, in dieser Familie, wenn man von etwas überzeugt ist. Und so ist es immer wieder auch zu heftigen Konflikten um die Vergabe der Festspielleitung gekommen, um Machterhalt und Nachfolgeregelungen.

Doch es scheint, als sei gerade unter der Intendanz von Wolfgang Wagner eine Ära des Familienstreits angebrochen. Zumindest ziehen sich die Kämpfe innerhalb des Clans nun schon seit Jahrzehnten hin und werden vor allem auch ganz öffentlich ausgetragen.

Eine besondere Bedeutung hat in dieser Entwicklung das Jahr 1976. Es wurde nicht nur das 100-jährige Jubiläum der Festspiele gefeiert, das mit der Neuinszenierung des *Rings* neue künstlerische Impulse brachte. Auch in der Familie Wagner änderte sich einiges. Wolfgang Wagner ließ sich nach 33-jähriger Ehe von seiner Frau Ellen scheiden und heiratete kurz darauf Gudrun Mack. Sie war bereits seit 1965 in der Pressestelle der Festspiele tätig, und zu Beginn des Jubiläumsjahres hatte Wolfgang Wagner sie zu seiner Chefsekretärin berufen.

Das neue Familienglück wurde 1978 mit der Geburt der Tochter Katharina gekrönt. Spätestens jetzt begannen innerhalb und außerhalb der Wagner-Dynastie die Spekulationen, dass die Karten für eine zukünftige Neubesetzung der Festspielleitung völlig neu gemischt werden sollten. Wollte Wolfgang Wagner nun seine kleine Tochter und deren Mutter zu seinen Nachfolgern aufbauen?

Mit der Gründung der »Richard-Wagner-Stiftung« 1973 war das Erbe Wagners als Ganzes dem deutschen Volk übergeben worden. Die Leitung der Festspiele dagegen blieb in den Händen der Familie Wagner und sollte, sofern geeignete Bewerber vorhanden seien, auch weiterhin aus ihren Reihen besetzt werden. Mit dieser Regelung blieben weiterhin mehrere Varianten für die Bayreuther Nachfolge offen; aber eines war entschieden, und Wolfgang Wagner wurde nicht müde, mit geradezu juristischer Akribie darauf hinzuweisen:

»Eine wie auch immer geartete Abfolge allein unter ›dynastischen‹ Gesichtspunkten schied damit aus, was in gleicher Weise für jeden ›Stamm der vier gemeinschaftlichen Abkömmlinge von Siegfried und Winifred Wagner‹ gilt, das heißt, nicht ausschließlich für die Unterzeichner der Stiftungsurkunde, sondern zugleich auch für alle übrigen Sprösslinge eines jeden Stammes. Der Name Wagner berechtigt dazu, Vorschläge zu machen, genießt sogar einen favorisierten Status, jedoch keinesfalls in einem prähistorischen, gleichsam feudalen Sinne von ›Erbfolge‹.«

Schon aus seiner eigenen Biografie wird verständlich, warum Wolfgang Wagner so viel Wert auf diese Regelung legte. Er selbst hatte ja die Festspielleitung nicht als Erstgeborener erlangt und musste darum immer auch auf die persönliche Leistung verweisen. Bereits 1973 wurde aber auch deutlich, dass er keines seiner Kinder, geschweige denn einen der Wieland-Sprösslinge, für seine Nachfolge favorisieren mochte. 1976 hat er das sogar noch einmal schriftlich festgehalten: »Nach dem augenblicklichen Stand der Dinge, ob weiblich oder männlich, kann ich ohne Übertreibung sagen: Wenn ich jetzt unmittelbar ausscheiden würde, bringt keiner von der jungen Wagner-Generation die Voraussetzungen mit, um Bayreuth zu leiten.«

Wenn auch der Bayreuther Festspielleiter eine dynastische »Thronfolge« ablehnt, so war er doch schon damals fest entschlossen, ein entscheidendes Wort bei der Nachfolgeregelung mitzureden. Dagegen stehen freilich nicht nur einzelne Kritiker, sondern die seit Mai 1973 gültige »Stiftungsurkunde«, nach der diese Frage vom Stiftungsrat zu entscheiden ist. Hier aber hat die Familie Wagner nur 5 Stimmen, die restlichen entfallen auf die Bundesrepublik Deutschland (5 Stimmen), den Freistaat Bayern (5), die Stadt Bayreuth (2), die Oberfrankenstiftung (2), den Bezirk Oberfranken (2), die Bayerische Landesstiftung (2) und die Gesellschaft der Freunde von Bayreuth (1).

Insofern ist aus dem ursprünglichen »Familientheater« mit entsprechendem Erbrecht »eine rechtskräftige öffentliche Stiftung des bürgerlichen Rechts« geworden. Diese Demokratisierung des Festspielunternehmens wird zukünftig verstärkt Einfluss haben,

Festspielleiter auf Lebenszeit? Wolfgang Wagner mit seiner zweiten Frau Gudrun und Tochter Katharina. In ihre Hände würde der Enkel des Musikgenies am liebsten die Zukunft Bayreuths legen – doch die schlichte dynastische Nachfolgeregelung steht zur Disposition.

sowohl auf die Wahl zukünftiger Festspielleitungen als auch auf die Finanzierung des Unternehmens, mit allen daraus erwachsenden Konsequenzen.

Wolfgang Wagners Intendanz jedoch läuft auf Lebenszeit und gründet sich auf die Vereinbarung der beiden Wagner-Brüder mit ihrer Mutter. Da inzwischen sie und alle anderen Erben der Enkelgeneration gestorben sind, hat sich im Laufe der letzten 34 Jahre seine persönliche Machtposition immer mehr gefestigt. Nach vielen Jahren des unaufhörlichen Publikumsandranges auf dem Grünen Hügel hat sich bei dem altgedienten Festspielleiter ein

Erfolgsgefühl einstellen müssen, das nichts als Selbstbestätigung hervorgebracht hat. Es ist anzunehmen, dass er einen Nachfolger nur nach seinem Ableben zu akzeptieren bereit wäre. Gleichzeitig will er für seine engsten Familienmitglieder aus zweiter Ehe, die sein Amt übernehmen sollen, vorsorgen. Ob das so gelingt, wie es sich der heute 81-Jährige vorstellt, wird sich in absehbarer Zukunft zeigen.

9. DIE URENKELGENERATION UND BAYREUTHS UNGEWISSE ZUKUNFT

Die Geschichte der Wagners ist in den letzten Jahren vor allem eine Geschichte der Machterhaltung und erbitterter Machtkämpfe. Freilich kommt in diesem Zusammenhang stets das automatische Dementi, verbunden mit der Gegenfrage: Was wird das schon für eine Macht sein, die man als Festspielleiter hat?

Ja, was wird das für eine Macht wohl sein, an der der 81-jährige Wagnerenkel so heftig hängt, dass er sogar eigene Kinder, Neffen und Nichten öffentlich bekämpft in der Auseinandersetzung um seine Nachfolge?

Dieses »Bayreuth« ist längst kein verschuldetes Familientheater mehr, sondern ein Kulturunternehmen, das jährlich mit einem zweistelligen Millionenhaushalt ausgestattet wird. Nach Wolfgang Wagners eigener Aufstellung wurden zwischen 1960 und 1992 allein für Baumaßnahmen 33 297 961,88 Mark ausgegeben. Berechtigt sind diese Kosten durch den Umstand, dass die Bayreuther Festspiele so etwas Einmaliges in der Welt darstellen wie der Kölner Dom oder die Chinesische Mauer. Schon ihrer Einmaligkeit wegen werden die Bayreuther Festspiele auf Dauer in Europa als Kulturdenkmal zu erhalten sein, welche Querelen in der Leitung dieser Institution auch immer die Gemüter erhitzen. Nachzuvollziehen allerdings ist dieser Kampf um die Führungsposition, denn es geht um viel Geld und um einen Posten von globaler Bedeutung und entsprechendem Einfluss.

Bei den Nachkommen von Richard Wagner und Franz Liszt waren, wenn nicht gerade Kumulationen beider Genies, so doch zumindest entwicklungsfähige Talente zu erwarten, wie es sich recht glücklich bei Siegfried Wagner herausgebildet hat. Die Enkel Wieland, Friedelind, Wolfgang und Verena hatten schon ziemlich viel Mühe, der familiären Verpflichtung so nahe zu kommen, dass das Erbe Richard Wagners künstlerisch wie wirtschaftlich erfolgreich weitergeführt werden konnte, um an die nächste Generation mit gleichem Auftrag weitergegeben zu werden.

Die Urenkelgeneration der Familie Wagner geht aus den fünf Ehen der fünf Enkel Richard Wagners hervor: Wieland Wagners Ehe mit Gertrud Reissinger dürfte die am stärksten ambitionierten Urenkel hervorgebracht haben: Iris, Wolf-Siegfried, Nike und Daphne. Von ihnen haben drei eine künstlerische Laufbahn eingeschlagen beziehungsweise eine künstlerische Ausbildung genossen und Ansprüche auf die Leitung der Bayreuther Festspiele erhoben. Wolfgang Wagner, der Amtsinhaber, hat aus erster Ehe mit Ellen Drexel zwei Kinder: Eva und Gottfried, aus zweiter Ehe mit Gudrun Mack die Tochter Katharina, die er als zukünftige Festspielleiterin ins Gespräch gebracht hat. Friedelind Wagner (1918–91) blieb unverheiratet und kinderlos.

Aus der Ehe Franz Wilhelm Beidlers (1901–81) mit Ellen-Annemarie Gottschalk (1919) ging 1942 die Tochter Dagny Ricarda hervor, die bisher keine dynastischen Ansprüche erhoben hat. Die jüngste Wagnerenkelin Verena war mit Bodo von Lafferentz verheiratet und hat fünf Kinder, die, mit einer Ausnahme, sich keine Hoffnungen auf Bayreuthpläne machen durften und sich wohl deshalb von Anfang an beruflich anders orientiert hatten: Amélie (1944), Manfred (1945), Winifred (1947), Wieland (1949) und Verena (1952).

Wolfgang Wagner hat immer wieder betont, dass die Nachfolge in seinem Amt nicht als »Pfründe« oder »Lehen« an die Mitglieder der Wagner-Dynastie vergeben würde. An die eigenen Kinder aus erster Ehe wie an die Kinder seines Bruders stellte er daher höchste Ansprüche und forderte Nachweise ihrer Befähigung, sobald sie Interesse an der zukünftigen Festspielleitung anmeldeten. In jüngster Zeit freilich hat er mit seiner 25 Jahre jüngeren Frau Gudrun und seiner Tochter Katharina neue Pläne geschmiedet, und seine Einstellung zur Erbfolge scheint sich damit grundlegend geändert zu haben. Denn jetzt genügen ganz elementare Beziehungen zum Musiktheater, wenn der Festspielleiter schon mal provisorisch seine Tochter auf den eigenen Thron hebt:

»Aus genauem Zuschauen und Miterleben resultierten bei ihr [Katharina] immer wieder neue, überraschende und verblüffende Fragen. Sie zeigte sich nicht nur bloß beeindruckt vom *homo ludens*, sondern beschäftigte sich zunehmend auch mit dem dahinter steckenden Sinn solchen Tuns. Eines Tages stellte sie eine völlig logische, an sich auf der Hand liegende Frage, die sich von uns Erwachsenen nur keiner vorlegte, weil sie uns gar nicht in den Sinn kam. Sie war damals elf Jahre alt und wollte eine Vorstellung des *Lohengrin* besuchen. Beim Mittagessen hielt sie ihre Eintrittskarte stolz in der Hand, fragte uns aber zugleich vorwurfsvoll, weshalb denn auf der Karte groß und fett der Name Lohengrin gedruckt sei, wenn doch gerade der ein Geheimnis sei und erst am Ende der Oper kundgetan werde. Sie fand es schlicht absurd, dass alle Zuschauer das Geheimnis von vornherein kennen, weshalb es ja keines mehr ist.«

Wenn Wolfgang Wagner schon von älteren Urenkeln seiner Sippe objektive und anerkannte Qualitätsbeweise einfordert, sollte er auch bei der jüngsten Amtsanwärterin dabei bleiben. Denn für sie wäre ja noch Zeit zur geeigneten Ausbildung. Die Zwischenregentschaft hätte dann nach Wolfgang Wagners Plan seine Frau Gudrun zu leisten, die sich auch prompt dafür beworben hat.

Seit immer deutlicher geworden ist, welche Pläne der Bayreuther Patriarch verfolgt und dass er trotz fortgeschrittenen Alters nichts von seiner Macht abgeben will, haben sich die Auseinandersetzungen in der Familie verschärft und werden – mit verschiedenen Buchveröffentlichungen – immer mehr in die Öffentlichkeit getragen.

Unter dem Titel *Lebensakte* brachte Wolfgang Wagner 1994 seine Memoiren heraus. Er nutzte die Gelegenheit, um seine Position unmissverständlich und kompromisslos zu vertreten. Frau und Tochter aus zweiter Ehe wurden ins beste Licht gerückt, die Anfeindungen der anderen Wagners dagegen bewertete er folgendermaßen:

»Natürlich frage ich mich nach den Gründen derartiger Aggressionen, und ich mutmaße, sie könnten mitgetragen sein von dem zwanghaften Bedürfnis, so jene Aufmerksamkeit zu wecken und auf sich zu lenken, die mittels der eigenen, bisher bewiesenen Leistungsfähigkeit wohl versagt blieb. Den Begriff einer mehr oder minder ausgeprägten Profilneurose hier anzuführen, wäre sicher beleidigend, und darum gebrauche ich ihn nicht. Der opponierende Urenkel, bar jeder echten Verantwortung und Pflicht, muss fürchten, dass Herkunft und Glanz des Namens sich abnutzen und verblassen und nicht mehr ohne weiteres die gegebene Möglichkeit einer Übernahme der Festspiele legitimieren.«

Die Reaktion ließ nicht lange auf sich warten. Wolfgangs Sohn Gottfried veröffentlichte 1997 unter dem Titel *Wer nicht mit dem Wolf heult* seine Gegendarstellung. Gottfried hatte wohl am meisten daran geglaubt, seinen Vater »beerben« zu können. Er hatte Musikwissenschaft studiert und eine Dissertation über Kurt Weill vorgelegt. Zunächst nahm er den Rat seines Vaters ernst, sich als Regisseur anderswo zu bewähren, musste dann aber erleben, dass er immer weiter hingehalten wurde und ihm in Bayreuth keinerlei Perspektive geboten wurde.

Nicht nur mit leichtem Künstlerblut in den Adern, sondern in engagierter Pflicht und Verantwortung seiner Familie gegenüber, hat er lange gezögert, mit seinem Vater zu brechen. Dann aber, als er – nach illustren Tätigkeiten beispielsweise als Schuhverkäufer in Italien – mit der Leitung der Kurt-Weill-Gedenkstätte in New York betraut worden war und eine angesehene und feste Position erreicht hatte, rechnete er mit seinem Vater ab.

Der »Wolf« im Titel der Familiensaga meint nicht nur den Vater Wolfgang Wagner, sondern auch Adolf Hitler, den seine Freunde »Wolf« nannten. Gottfried beschreibt, wie die »braune« Vergangenheit seiner Familie um der glänzenden Festspielfassade willen verdrängt wurde, und zitiert seinen Vater mit verharmlosenden Äußerungen über das Dritte Reich: »Hitler hat die Arbeitslosigkeit überwunden und die deutsche Wirtschaft wieder zur weltweiten Achtung gebracht, unser Volk aus der moralischen Krise befreit und alle anständigen Kräfte vereint. Wir Wagners verdanken ihm die idealistische Rettung der Bayreuther Festspiele.«

Diesem Geist von Bayreuth hat Gottfried den Kampf angesagt, vor allem dem verkappten Antisemitismus in seiner Familie. Aufschlussreich ist auch, wie er die Feindschaft zwischen den Brüdern Wieland und Wolfgang erlebt hat: »Tyrannisch setzte Wieland seinen Willen im Interesse seiner Arbeit durch, und mein Vater hatte sich ihm vor aller Augen unterzuordnen. Wielands Tobsuchtsanfälle, sein Zynismus und seine abfälligen Äußerungen über Menschen, die nicht seinen Vorstellungen entsprachen, befremdeten mich ebenso wie seine abschätzigen Bemerkungen über die Inszenierungen meines Vaters. Dieser litt stark darunter, denn er wollte seinem Bruder als Künstler gleichkommen. Ich bewunderte zwar Wielands Regiearbeit und seine Bühnenbilder, die mich mehr ansprachen als die Inszenierungen meines Vaters, aber mit diesem empfand ich in dieser Zeit oft Mitleid.«

Das Mitleid schwand allerdings schnell, als Wolfgang Wagner

nach Wielands Tod das Zepter in die Hand nahm und sich fortan »als Machtmensch gab«. Er habe die Wielandianer ausgeschaltet, die Inszenierungen seines Bruders entstellt und sich nur noch mit unkritischen Geistern umgeben, urteilt Gottfried. »Mit Vehemenz versucht er das Über-Ich seines Bruders zu zertrümmern.«

Die Anwürfe gegen den Vater und seine bis heute anhaltende Selbstgefälligkeit gehen über Seiten und Kapitel des Buches und nehmen eigentlich kein Ende. Die Radikalität aber, mit der Gottfried mit seinem Vater bricht, ist selbst schon wieder tragisch und lässt eine gemeinsame Eigenschaft der Familienmitglieder aufscheinen: eine einmal gefasste Überzeugung mit Fanatismus zu vertreten.

Die Kommunikation zwischen den Familien der Urenkel geschieht heute nur noch sporadisch. Es gibt zwei gewichtige Gründe dafür: Der erste ist die übliche Zentrifugalkraft der nachfolgenden Generationen, die den Familienclan in alle Winde zerstreut hat. Zweitens aber gibt es das ursprüngliche Zentrum der Wagner-Familie nicht mehr; Wahnfried ist inzwischen ein reines Museum für Touristen und Wagnerliebhaber geworden.

Wolfgang Wagner hatte sich – wie beschrieben – schon nach dem Krieg in eine eigene Villa in der Nähe des Festspielhauses zurückgezogen und mit seiner zweiten Ehe eine neue Familienzelle gebildet, die von seinen Kindern nicht mehr als Heimstatt angenommen wurde. Ihm war wohl wenig daran gelegen, der unliebsamen Verwandtschaft einen festen Halt in Bayreuth zu verschaffen. Wie es um seinen Familiensinn bestellt ist, zeigt sehr treffend eine ernüchternde Definition, die er einmal in einem Interview formulierte: »Familie ist eine zufällige Zusammenkunft einer Gemeinschaft ... die aus einer gewissen gleichen Radix entstanden ist.«

An diesem Punkt setzt auch die Kritik von Nike Wagner, der Wielandtochter, an: Sie sieht ihren Onkel als Familienfeind, der

Wolfgang-Kritikerin und Bewerberin um die Leitung auf dem Hügel: Die Wieland-Tochter Nike, Musikwissenschaftlerin und Publizistin, möchte das Wagner-Theater (zusammen mit dem Berliner Intendanten Weingarten) mit »erhöhtem Bewusstsein« inszenieren – und das Familientheater beenden.

sie und ihre Geschwister nach dem Tod des Vaters ganz bewusst aus Wahnfried vertrieben und ihre Nachfolgehoffnungen immer mehr zunichte gemacht hat. Wolf-Siegfried, der mit vielleicht nicht ganz ernst gemeinten Bemühungen das Theaterwesen studiert und Regie geführt hat, ist des Wartens auf den begehrten Posten wohl müde geworden. Er ist heute Bauunternehmer auf Mallorca. Daphne war Schauspielerin, eine Zeit lang mit dem etwas zwielichtigen Caféhausbesitzer und »Schiffeversenker« Udo Proksch aus Wien verheiratet und hatte bisher keine beruflichen Ansprüche an die Festspiele bekundet. Von ihrer älteren Schwester Iris ist auch keine derartige Ambition bekannt.

So ist als profilierte Bewerberin um die Festspielleitung nur Nike selbst geblieben, die wie ihr Vetter Gottfried in Musikwissenschaft promovierte. Auch sie hat 1998 ein Buch unter dem Titel *Wagner Theater* veröffentlicht, das sehr kluge Interpretationen Wagnerscher Opern enthält, aber auch so etwas wie eine Familiengeschichte und eine Abrechnung mit ihrem Onkel ist. Nike lässt keinen Zweifel daran, dass er seine Sippe, selbst die eigenen Kinder, systematisch aus Bayreuth verdrängt hat:

»Dem langen Aufstieg Wolfgangs zu Anerkennung und Autonomie entsprachen die Entthronung der Familie Wielands und der letztlich aussichtslose Kampf der Wolfgangkinder um den Vater und um ihr Erbe. Seiner Herrschaftsfestigung entsprach deren Heimatverlust, seinem Frühling in Ehe und Position deren herbstlichem Abschied von Bayreuth. Während die Bodensee-Filiale um Verena relativ unberührt vom Frühlingswechsel blieb – vom Bayreuther Geschehen durch Winifred längst schon ausgeschlossen –, vollzog sich der Exodus der Wielandsippe aus Bayreuth in voller Schärfe, und die Expatriierung der Wolfgangkinder hinkte nur zeitlich um einige Jahre hinterher. ›Wenn der Förster stirbt, müssen die Försterkinder eben ausziehen‹, verlautete es 1966 aus dem Munde des ehemaligen Waisenkindes Winifred.«

Nike analysiert den Onkel also als den Familienzerstörer, der selber eigentlich immer *sans-famille* sein wollte, den Ort Wahnfried bewusst mied und das Festspielhaus von allen übrigen Familienmitgliedern säuberte, um selber seine »Festspiel GmbH« unter eigenem Vorsitz mit einem fünfstelligen Ministergehalt als Manager zu leiten, eigenes Risiko und persönliche Haftung für das Unternehmen aber schlau ausschloss.

Schärfer als Gottfried Wagner geht sie auch mit den künstlerischen Leistungen des Festspielleiters ins Gericht, und der Stolz auf die Errungenschaften der eigenen Eltern ist dabei unverkennbar. Wolfgang Wagner habe jahrelang das »Neubayreuth«-Konzept von Wieland und Gertrud plagiiert, trivialisiert und »Raubbau am künstlerischen Ich des Bruders, die parasitäre Aneignung seiner Ideen« betrieben. Herausgekommen seien allenfalls »biedere Stadttheater-Inszenierungen«.

Heute gehe es dem Festspielleiter nur noch um die Erhaltung der Macht. »Wie personifizierte Albträume müssen seine und die Bruderkinder ihm erscheinen, wie Untote, die nicht in den verordneten Särgen bleiben wollen ... In zunehmend pathologischer Manier wehrt Wolfgang sich gegen die Zumutung, dass Jüngere seine Ablösung aus dem hohen Amt verlangen; sträubt sich mit Händen und Füßen und den kuriosesten Argumenten gegen die ödipalen Mordabsichten.« Und so lautet Nikes düsteres Resümee: »Gelöst die Familienbande, Wahnfried ein Friedhof, die Festspielleitung festgenagelt auf den Patriarchen.«

Nike Wagner weiß natürlich, dass sie sich mit ihrer sezierenden Analyse der jüngsten Geschichte ihrer Familie selbst aus dem Kreis möglicher Nachfolger Wolfgang Wagners hinauskatapultiert hat. Dennoch hat sie eines ihrer Ziele erreicht. Sie hat sich auf ihrem »Weg in die Kulturpublizistik« mit der schonungslosen Offenlegung von den Wagnerschen Familienverhältnissen Gehör verschafft und als die wohl am besten geeignete Nachfolgerin in

Eva Wagner-Pasquier, Cousine Nike Wagners und Mitbewerberin um die dynastische Nachfolge, auf dem Weg zum Stiftungsrat.

der Bayreuther Festspielleitung empfohlen, wenn auch ihr radikaler Gegenkurs zu Wolfgang Wagner in den entscheidenden Wahlgremien auf großen Widerstand stößt.

Ob Nike damit der Cousine Eva Pasquier, der Tochter Wolfgangs das Tor zum Festspielhaus geöffnet hat, ist fraglich. Eva hatte sich zusammen mit Wieland Lafferentz, dem Geschäftsführer der Mozartstiftung in Salzburg, beworben und eine Arbeitsteilung vorgeschlagen: Ihr sollte die künstlerische Leitung, dem Cousin die verwaltungstechnische zufallen. Wieland Lafferentz hat jedoch inzwischen die potenzielle Zusammenarbeit mit Eva wieder aufgekündigt und eine alleinige Bewerbung eingereicht. Daraufhin ist

Eva Pasquier aufgefordert worden, ein Gesamtkonzept für eine selbstständige Bewerbung abzugeben.

Eines also wird deutlich: Die Politiker, die im Stiftungsrat mitzureden haben, wollen sich nicht unter allen Umständen zu Erfüllungsgehilfen von Wolfgang Wagner machen lassen. Ob dergleichen Alternativbewerbungen realistische Chancen haben werden oder nur Sandkastenspiele bleiben, ist noch nicht abzusehen. Der amtierende Festspielleiter jedenfalls hat klar zum Ausdruck gebracht, dass er auf Lebenszeit im Amt bleiben und danach seine zweite Frau und die jüngste Tochter zur Nachfolge haben wolle.

Wie aufregend und ungewiss auch immer die Zukunft der Bayreuther Festspiele zur Zeit sein mag, sicher ist, dass ohne die Familie Wagner aus diesem Bayreuth nicht das geworden wäre, was es ist: ein einmaliges Kulturerbe.

Zeittafel

1813
Am 22. Mai wird Richard Wagner in Leipzig geboren und am 16. August in der Thomaskirche getauft. Noch im selben Jahr, am 23. November, stirbt sein Vater Friedrich Wagner.

1814
Am 28. August heiratet Richards Mutter Johanne Rosine den Schauspieler und Maler Ludwig Geyer. Im folgenden Jahr wird Ludwig Geyer königlicher Hofschauspieler in Dresden. Schon Friedrich Wagner war großer Theaterliebhaber gewesen, doch unter Geyers Einfluss wird die Familie zu einer Theaterfamilie.

1817
Luise Wagner, Richards Schwester, tritt in Geyers Lustspiel *Das Mädchen aus der Fremde* auf. Richard übernimmt seine erste Rolle als Engel in Carl Maria von Webers *Der Weinberg an der Elbe*.

1820
In der Familie Wagner wird häusliche Gesellichkeit mit kleinen dramatischen Aufführungen und Puppenspielen gepflegt. Häufiger Gast ist Carl Maria von Weber. Auf dessen Rat beginnt Richards Bruder Albert eine Ausbildung als Operntenor in Breslau. Richards Schwester Rosalie, die schon zuvor im Dresdner Hoftheater aufgetreten war, wird königliche Hofschauspielerin. Richard übernimmt bereits kleinere Rollen am Theater. Eine Aufführung von Friedrich Schillers *Wilhelm Tell* wird zum Familientheater, als Richard den kleinen Wilhelm Tell spielt, Klara den Walter Tell und Geyer den Geßler.

1821
Anfang des Jahres wird Ludwig Geyers Lustspiel *Der Bethlehemitische Kindermord* in Dresden uraufgeführt. Im Sommer erkrankt Geyer an Tuberkulose und stirbt am 30. September.

1822
Richard verbringt das Jahr bei verschiedenen Verwandten. Anfang Dezember kommt Richard in die Dresdner Kreuzschule. In den folgenden Jahren verstreut sich die Familie auf verschiedene Theaterstädte im deutschsprachigen Raum: Rosalie erhält ein Engagement am Deutschen Theater in Prag, Klara und Albert treten in Augsburg auf.

1824
Richard erhält ersten Klavierunterricht, ist aber keineswegs Wunderkind. Immerhin sieht er sich bereits als Dichter und schreibt ein Ritterstück. In den nachfolgenden Jahren entdeckt er seine Liebe zu Shakespeare und schreibt Gedichte und Trauerspiele.

1828
Richard wird Schüler am Nikolai-Gymnasium in Leipzig, doch er hat alles andere im Kopf als die Schule. In den Konzerten des Leipziger Gewandhauses hört er Mozart und Beethoven. Um selber komponieren zu können, nimmt er Unterricht in Harmonielehre bei dem Gewandhausmusiker Gottlieb Müller und liest Bücher zur Komposition.

1830
Richard nimmt Violinunterricht und komponiert Ouvertüren. Seine *Ouvertüre in B-Dur* wird am 24. Dezember im Leipziger Theater uraufgeführt.

1831
Richard schreibt sich an der Universität Leipzig ein, um Musik zu studieren. Er nimmt systematischen Kompositionsunterricht beim Thomaskantor Theodor Weinlig und schreibt erste Klavierstücke.

1833
Während eines Besuchs bei seinem Bruder Albert in Würzburg schreibt Richard seine Oper *Die Feen* und führt Teile der Oper in einem Konzert auf.

1834
Im August erhält Richard eine Anstellung als Musikdirektor des Theaters in Bad Lauchstädt. Dort lernt er seine spätere Frau Minna kennen. Im Oktober nimmt er eine Anstellung in Magdeburg an.

1836
Am 29. März führt Wagner seine Oper *Das Liebesverbot* in Magdeburg auf. Minna erhält ein Engagement am Theater in Königsberg, wo die beiden am 24. November heiraten.

1837
Minna brennt mit einem Liebhaber durch und kehrt im Herbst zum Ehemann zurück. Richard nimmt eine Anstellung in Riga an, wo er große Erfahrung als Operndirigent sammelt und mit der Arbeit an seiner Oper *Rienzi* beginnt.

1839
Mit dem Ende der Spielzeit wird Wagner im Frühjahr entlassen. Unter abenteuerlichen Umständen flieht das Ehepaar Wagner vor Gläubigern aus Deutschland und gelangt nach Frankreich, wo Richard den Komponisten Giacomo Meyerbeer kennen lernt. Die Flucht inspiriert Wagner zum *Fliegenden Holländer*.

1840
In Paris lernt Richard den Klaviervirtuosen Franz Liszt kennen.

1841
In einem Dorf in der Nähe von Paris schreibt Wagner *Der Fliegende Holländer*.

1842
Enttäuscht von seinen Erfahrungen in Paris, kehrt Richard zurück nach Dresden. Am 20. Oktober wird im Hoftheater seine Oper *Rienzi* uraufgeführt, die ihn über Nacht berühmt macht.

1843
Wagner wird königlicher Hofkapellmeister in Dresden. Auf einer Urlaubsfahrt mit Minna liest er *Deutsche Sagen* der Gebrüder Grimm und Jakob Grimms *Deutsche Mythologie*.

1845
Am 19. Oktober wird der *Tannhäuser* unter Leitung des Komponisten in Dresden uraufgeführt.

1846
Richard lernt den jungen Musiker Hans von Bülow kennen.

1847
Die Oper *Lohengrin* entsteht, doch wird sie erst 1850 in Weimar uraufgeführt.

1848
Am 9. Januar stirbt Richards Mutter in Leipzig. Unter dem Eindruck der bürgerlichen Revolution in Frankreich schreibt Wagner politische Aufsätze und Gedichte. Die Artikel erscheinen in den *Volksblättern* seines Freundes August Röckel, der Musikdirektor der Dresdner Oper ist. Zugleich beschäftigt Richard sich weiter mit dem Nibelungenmythos.

1849

Richard lernt den russischen Anarchisten Michail Bakunin kennen. Als der sächsische König am 30. April den Landtag auflöst, kommt es in Dresden zu Straßenschlachten, an denen sich Richard beteiligt. Der Aufstand wird niedergeschlagen, August Röckel wird verhaftet, Richard gelingt die Flucht. Mit Liszts Hilfe entkommt er nach Zürich, während Minna in Dresden zurückbleibt. In Zürich beginnt Wagner mit der Arbeit an musiktheoretischen Schriften.

1850

Richard versucht sein Glück erneut in Paris, hat aber wie zuvor keinen Erfolg. Nach einem gescheiterten Liebesabenteuer mit Jessie Laussot, mit der er in den Orient fliehen will, kehrt er nach Zürich zurück. Dort ist inzwischen Minna eingetroffen.

1851

Die Zürcher Musikgesellschaft engagiert Richard als ständigen Dirigenten. Er veröffentlicht die Schrift *Oper und Drama*, die sein künstlerisches Programm beschreibt.

1852

Nachdem er sich fast ein Jahrzehnt lang mit dem Nibelungenstoff beschäftigt hat, schließt Richard seine *Ring*-Dichtung ab und liest sie am Jahresende Freunden vor. In den nächsten zwei Jahrzehnten arbeitet er an den Opern *Walküre, Siegfried* und *Götterdämmerung*.

1854

Richard berichtet Liszt von seinen Depressionen wegen der Verbannung. Minna bemüht sich vergeblich um seine Amnestie. Richard verliebt sich in Mathilde Wesendonck. Die Begegnung inspiriert seine Arbeit an *Tristan und Isolde*.

1856

Wagners Freundeskreis in Zürich wächst von Jahr zu Jahr. Es entsteht eine »Künstlerfamilie«, die hilft, Wagner in Deutschland bekannt zu machen.

1857

Die Zuneigung zwischen Richard und Mathilde Wesendonck vertieft sich, als er in das Gartenhaus der Wesendoncks einzieht. Richard komponiert die Wesendonck-Lieder. Als er eines der Lieder zu Mathildes Geburtstag aufführt, kommt es zu Verstimmungen.

Ende August kommt der frischvermählte Hans von Bülow mit seiner Gattin Cosima nach Zürich um seine Flitterwochen bei Richard zu verbringen.

1858
Minna erfährt von Richards Verhältnis zu Mathilde Wesendonck und zieht im Herbst nach Dresden.

1859–1860
Richard zieht wieder nach Paris. Endlich findet er auch hier Freunde und Fürsprecher. Im Sommer 1860 bewirkt der sächsische Gesandte in Paris Richards Amnestie, so dass dieser nach elfjährigem Exil endlich wieder nach Deutschland reisen darf.

1861–1863
Richard reist durch Deutschland, Österreich, Frankreich und Russland, um seine Opern aufzuführen oder für ihre Aufführungen zu werben. Die Aufführung des *Tannhäuser* in Paris gerät allerdings zum Skandal. Von seiner Frau lebt Richard inzwischen mehr oder weniger getrennt. Im November 1863 gelobt er auf einer Kutschfahrt durch Berlin Cosima von Bülow seine Treue.

1864
Sein aufwändiger Lebensstil bringt Richard in Bedrängnis. Aus Wien muss er fliehen, weil ihm dort die Schuldhaft droht.
Doch Rettung naht in Gestalt des jungen bayerischen Königs Ludwig II., der Richard nach München einlädt. Zwischen beiden entwickelt sich eine Freundschaft, die durch Höhen und Tiefen bis zum Lebensende des Komponisten hält. Ludwig unterstützt den Komponisten mit einem großzügigen Jahresgehalt.
Richards Liebesbeziehung zu Cosima festigt sich, besonders nachdem Cosima und Hans von Bülow nach München ziehen.

1865
Am 10. April bringt Cosima ihre und Richards Tochter Isolde zur Welt. Um den Schein zu wahren, übernimmt sie die Rolle als Richards Sekretärin. Am 10. Juni dirigiert von Bülow die Uraufführung von *Tristan und Isolde*.

1866
Am 25. Januar stirbt Minna Wagner in Dresden.

1867
Eva, die zweite Tochter Cosimas und Richards wird geboren.

1868
Am 21. Juni dirigiert Hans von Bülow in München die Uraufführung der *Meistersinger*. Im Herbst des Jahres trennt sich Cosima von ihrem Mann und zieht endgültig zu Richard. In Leipzig lernt Richard den jungen Philosophen Friedrich Nietzsche kennen.

1869
Am 6. Juni kommt Richards Sohn zur Welt, der auf den Namen Siegfried getauft wird, da Wagner gerade am *Ring des Nibelungen* arbeitet.

1870
Am 18. Juli wird das Ehepaar von Bülow in Berlin gerichtlich geschieden. Schon am 25. August findet die Eheschließung zwischen Cosima und Richard in Luzern statt.

1871
Cosima und Richard besichtigen Bayreuth und beschließen, in einem eigenen Festspielhaus den *Ring des Nibelungen* aufzuführen, an dem Richard während der letzten Jahre unermüdlich gearbeitet hatte.

1872–1875
Die Wagners widmen sich nun fast ausschließlich den geplanten Festspielen. Sie bereisen Deutschland auf der Suche nach Künstlern und Gönnern, aber auch um weitere Konzerte zu geben. Nachdem es kurzzeitig so aussieht, als würde Ludwig II. seine Gunst entziehen, kommt die Finanzierung schließlich doch zustande. Im Frühjahr 1874 ziehen die Wagners in die Villa Wahnfried. Im gleichen Jahr vollendet Richard Wagner mit der *Götterdämmerung* den dritten und letzten Teil des *Rings des Nibelungen*, an dem er immerhin 26 Jahre lang gearbeitet hat. Die Künstlerfamilie, die das Herz der ersten Festspiele wird, formiert sich.

1876
Vom 13. bis 30. August finden die ersten Bayreuther Festspiele mit der Uraufführung des *Rings des Nibelungen* statt. Es ist ein künstlerisches Großereignis, zu dem gekrönte Häupter aus ganz Europa anreisen. Finanziell erweisen sie sich jedoch als Desaster.

1877–1882
Wagners letzte Lebensjahre stehen ganz im Zeichen der Festspiele. Um die Zukunft der Festspiele zu sichern, gründet er einen Patronatsverein und eine »Hochschule für dramatisch-musikalische Darstellung«. In ganz Europa finden Konzerte und Aufführungen seiner Werke statt. Zugleich arbeitet er am *Parsifal*, seinem »Weltabschiedswerk«, das er 1882 vollendet und aufführt.

1883
Am 13. Februar erliegt Richard Wagner einem Herzinfarkt. Seine Frau Cosima sorgt dafür, dass die Bayreuther Festspiele trotz seines Todes wie geplant im Sommer des Jahres stattfinden können.

1884–1891
Cosima Wagner übernimmt die Regie der Festspiele und wird 1886 offiziell als

Festspielleiterin eingesetzt. Um gleichzeitig ihre Trauer um den verstorbenen Meister und ihr Engagement für sein Werk zu zeigen, agiert sie aus einem Verschlag auf der Bühne während der Proben und gibt mit Hilfe von Zetteln Anweisungen an die Künstler. Zunächst ist ihre Arbeit von Misserfolgen gekrönt, das Publikum bleibt aus. Ab 1891, mit einer Neuinszenierung der *Meistersinger* kehrt der Erfolg zurück.

1892
Siegfried Wagner, von seiner Mutter zur Nachfolge seines Vaters ausersehen, erlebt auf einer Orientreise seine innere Berufung zum professionellen Musiker.

1896
Zum 20-jährigen Bühnenjubiläum des *Rings des Nibelungen* inszeniert Cosima dieses Werk neu für die Bayreuther Festspiele. Erstmals dirigiert Siegfried Wagner.

1897
Am 23. Juni wird Winifred Williams als Tochter des Schriftstellers John Williams in Hastings an der englischen Kanalküste geboren.

1899
Siegfried Wagners erste Oper *Der Bärenhäuter* wird in München uraufgeführt.

1906
Siegfried Wagner wird in die Leitung der Bayreuther Festspiele eingeführt. Cosima zieht sich ins Privatleben zurück.

1907
Nach dem Tod ihrer Eltern wird Winifred Hastings von dem schon betagten Ehepaar Klindworth adoptiert und kommt nach Berlin.

1911
Mit seiner Neuinszenierung der *Meistersinger* wird Siegfried Wagner als Regisseur an die Seite von Max Reinhardt gestellt und wird berühmt durch seine Lichtregie auf der Opernbühne.

1914
Nach nur acht Vorstellungen werden die Festspiele durch den Beginn des Ersten Weltkriegs unterbrochen. Siegfried sieht sich gezwungen, das Festspielhaus zu schließen.

1915
Am 22. September heiratet Siegfried Wagner Winifred Klindworth in Wahnfried.

1917–1923

Am 5. Januar 1917 kommt Wieland, der Sohn von Siegfried und Winifred zur Welt. In den folgenden Jahren werden Friedelind (1918), Wolfgang, der derzeitige Festspielleiter, (1919) und Verena (1920) geboren. In der festspiellosen Zeit entstehen mehrere von Siegfried Wagners Märchenopern.

1924

Nach zehn Jahren Pause im Festspielhaus dirigiert Fritz Busch die *Meistersinger* in der Inszenierung von Siegfried Wagner. Im *Ring* und im zweiten Akt des *Parsifal* werden Überarbeitungen gewagt. Einen künstlerischen Neubeginn aber traut man sich nicht zu, um kein finanzielles Risiko einzugehen.

1930

Am 1. April stirbt Cosima. Nur wenige Monate später, inmitten der Festspiele am 4. August verstirbt Siegfried Wagner.

1931

Siegfrieds Witwe Winifred sieht sich im Alter von 33 Jahren in der gleichen Rolle, die früher schon einmal ihre Schwiegermutter Cosima innehatte. Ohne eigentliche musikalische Ausbildung wird sie Festspielleiterin. Zunächst verlässt sie sich auf Bewährtes und gibt die künstlerische Oberleitung an den Berliner Generalintendanten der preußischen Staatstheater, Heinz Tietjen, ab. Außerdem wird Wilhelm Furtwängler als musikalischer Leiter verpflichtet. Adolf Hitler ist schon seit Jahren mit Winifred befreundet und unterstützt die Bayreuther Festspiele, weil er sie als geeignetes Propagandaobjekt seiner Weltanschauung ansieht.

1933

Mit Hitlers Machtergreifung hat er auch feste Pläne mit Bayreuth vor und ist zu den Festspielen fast jedes Jahr anwesend.

1937

Erstmals greift Wieland mit eigenen neuen Bühnenbildern für den *Parsifal* in das Festspielgeschehen ein.

1938

Wieland erhält Kunstunterricht in München. Ab 1940 nimmt er Musikunterricht bei Kurt Overhoff.

1941

Wieland heiratet Gertrud Reissinger. Aus dieser Ehe gehen die Kinder Iris (1942), Wolf-Siegfried (1943), Nike (1945) und Daphne (1946) hervor.

1943

Wolfgang heiratet die Tänzerin Ellen Drexel. Aus dieser Ehe gehen die Kinder Eva (1945) und Gottfried (1947) hervor.

1939–1944

Nach dem Ausbruch des Zweiten Weltkriegs werden die Festspiele fester Bestandteil des nationalsozialistischen Programms Kraft durch Freude (KdF) und dienen der Unterhaltung der Soldaten und Kriegsversehrten.

1945

Nach der Befreiung von den Nationalsozialisten beschlagnahmt die amerikanische Armee das Festspielhaus für Zwecke der Truppenbetreuung. Die Festspiele sind ausgesetzt.

1949

Winifred Wagner ist durch ihre Freundschaft mit Hitler so belastet, dass sie im Rahmen der Entnazifizierung den Festspielbetrieb nicht mehr führen kann. Sie verzichtet daher zugunsten ihrer Söhne Wieland und Wolfgang auf die Festspielleitung.

1950

Die gleich nach dem Krieg gegründete Gesellschaft der Freunde von Bayreuth veranstaltet ihre erste Generalversammlung im Festspielhaus und gibt dort ein Konzert unter der Leitung von Herbert von Karajan.

1951

Die ersten Festspiele nach dem Zweiten Weltkrieg finden unter der gemeinsamen Leitung der Brüder Wieland und Wolfgang Wagner statt. Wieland und seine Frau Gertrud setzen mit der Neuinszenierung des *Parsifal* künstlerische Maßstäbe. Die gemeinsame Regiearbeit wird unter dem berühmten Begriff von »Neubayreuth« stilbildend für moderne Opernregie. Wolfgang Wagner übernimmt die Finanzen des Unternehmens, wodurch freilich spätere Auseinandersetzungen vorprogrammiert sind. Wolfgang fühlt sich zurückgesetzt. Dazu trägt auch das intensive Engagement von Wielands Ehefrau Gertrud bei, die als Tänzerin entscheidend zu Wielands Regiearbeit beiträgt.

1966

Am 17. Oktober stirbt Wieland Wagner einen Herztod wie sein Vater und sein Großvater. Sein Bruder Wolfgang hat nun die alleinige Leitung der Bayreuther Festspiele.

1969

Erstmals lädt der Hausherr der Festspiele einen »fremden« Regisseur für eine Neuinszenierung in Bayreuth ein: August Everding inszeniert den *Fliegenden Holländer*, Silvio Varviso dirigiert.

1973

Am 2. Mai wird die Richard-Wagner-Stiftung gegründet. Damit geht das Festspielerbe Richard Wagners in öffentlichen Besitz über. Die Ernennung eines Festspielleiters liegt in den Händen der Stiftung, doch Wolfgang Wagner hat diese Position bis zum heutigen Tag inne.

1976

Der Jahrhundert-*Ring* wird dem französischen Team Pierre Boulez (musikalische Leitung), Patrice Chéreau (Regie) und Richard Peduzzi (Bühnenbilder) übertragen.

Wolfgang Wagner lässt sich von seiner Frau Ellen scheiden und heiratet Gudrun Mack.

1978

Katharina Friderike wird als Tochter von Gudrun und Wolfgang Wagner geboren. In der Diskussion um die Nachfolge der Festspielleitung wird sie von ihrem Vater favorisiert.

1999/2000

Nach langen Querelen gibt Wolfgang Wagner die Suche nach einem neuen Festspielleiter frei. Der Stiftungsrat fordert daraufhin die Mitglieder der Familie Wagner auf, Personalvorschläge zu machen. Noch ist kein neuer Festspielleiter gefunden. Allerdings ist jetzt schon klar, dass die Festspielleitung nicht in Händen der Familie Wagner bleiben muss: Wenn keines der Familienmitglieder ein überzeugendes Konzept vorlegt, kann der Stiftungsrat einen geeigneten Kandidaten außerhalb der Familie auswählen. Die Familie Wagner hat kein Monopol mehr auf das Erbe Richard Wagners.

Register

226

Ausgewählte Literatur

Quellen

Fehr M. (Hrsg.), *Richard Wagners Schweizer Zeit*, Bd. 1, Aarau/Leipzig o. J. (1934), Bd. 2, Aarau/Frankfurt a. M. 1953.

Glasenapp C. F. (Hrsg.), *Familienbriefe von Richard Wagner 1832–1874*, Berlin 1907.

–, Bayreuther *Briefe von Richard Wagner 1871–1883*, Leipzig/Berlin 1907, 2/1912.

Golther W. (Hrsg.), *Richard Wagner an Mathilde Wesendonk. Tagebuchblätter und Briefe 1853–1871*, Leipzig 1904, 3/1906.

–, *Briefe Richard Wagners an Otto Wesendonk 1852–1870*, Berlin 1904.

–, *Leben und Werk in urkundlichen Zeugnissen, Briefen, Schriften und Berichten*, Ebenhausen 1936.

Hueffer F. (Hrsg.), *Briefwechsel zwischen Wagner und Liszt*, Leipzig 1887, 2/1900. Bd. 3/1910 hrsg. von E. Kloss.

Kastner E. (Hrsg.), *Briefe von Richard Wagner an seine Zeitgenossen*, Berlin 1897.

Kesting H. (Hrsg.), *Richard Wagner, Briefe, Auswahl*, München/Zürich 1983.

–, *Franz Liszt – Richard Wagner, Briefwechsel*, Frankfurt a. M. 1988.

Kloss E. (Hrsg.), *Richard Wagner an seine Künstler*, Berlin 1908.

–, *Richard Wagner an Freunde und Zeitgenossen*, Berlin 1909.

–, *Briefwechsel zwischen Wagner und Liszt*, Leipzig 1910.

Schuh W. (Hrsg.), *Die Briefe Richard Wagners an Judith Gautier*, Zürich 1936.

–, *Richard Wagner und Judith Gautier. Neue Dokumente*, in: Schweizerische Musikzeitung Nr. 3, Zürich 1963.

Strobel O. (Hrsg.), *König Ludwig II. und Richard Wagner: Briefwechsel, mit vielen anderen Urkunden*, Karlsruhe 1936–39.

Wagner, Cosima, *Die Tagebücher*, hrsg. von der Stadt Bayreuth, ed. von M. Gregor-Dellin u. D. Mack, 4 Bde., München 1982.

–, *Das zweite Leben. Briefe und Aufzeichnungen 1883–1930*, hrsg. von D. Mack, Zürich/München 1980.

Wagner, Friedelind, *Nacht über Bayreuth*, Köln 1994.

Wagner, Gottfried, *Wer nicht mit dem Wolf heult*, Köln 1997.

Wagner, Nike, *Wagner Theater*, Frankfurt a. M. 1999.

Wagner, Richard, *Mein Leben*, vollständige, kommentierte Ausgabe, hrsg. von M. Gregor-Dellin, München 1976.

–, *Dichtungen und Schriften*, 10 Bde., hrsg. von D. Borchmeyer, Frankfurt a. M. 1983.

–, *Sämtliche Briefe*, Bde.1–4 hrsg. von G. Strobel und W. Wolf, Leipzig 1967, 1970, 1975 u. 1979, Bde. 5–8 hrsg. von H.-J. Bauer u. Johannes Forner, Leipzig 1993, 1986, 1988, 1991.

Wagner, Siegfried, *Erinnerungen*, Stuttgart 1922.

Wagner, Wieland, *Wieland Wagner: sein Denken*, Bielefeld 1997.

Wagner, Wolfgang, *Lebensakte*, München 1994.

Wolzogen H. v. (Hrsg.), *Richard Wagner an Minna Wagner*, 2 Bde., Berlin 1908.

Monographien

Adorno, Th., *Versuch über Wagner*, Berlin u. Frankfurt 1952.

Althaus H., *Richard Wagner, Genie und Ärgernis*, Bergisch Gladbach 1982.

Barth H., *Der Festspielhügel, Richard Wagners Werk in Bayreuth*, München 1973.

Bauer, H.-J., »Bayreuther Festspiele«, in: *Das große Lexikon der Musik*, Bd. 1, hrsg. v. M. Honegger u. G. Massenkeil, Freiburg/Basel/Wien 1978.

–, »Wieland Wagner«, in: *Das große Lexikon der Musik*, Bd. 8, 1982.

–, »Wolfgang Wagner«, in: *Das große Lexikon der Musik*, Bd. 8, 1982.

–, *Richard Wagner Lexikon*, Bergisch Gladbach 1988.

–, *Richard Wagners Musikführer*, Stuttgart 1992.

–, *Richard Wagner. Sein Leben und Wirken oder Die Gefühlwerdung der Vernunft*, Berlin 1995.

Beidler, F. W., *Cosima Wagner-Liszt. Der Weg zum Wagner-Mythos*, München 1991.

Borchmeyer, D., *Das Theater Richard Wagners, Idee, Dichtung, Wirkung*, Stuttgart 1982.

Chamberlain H. St., *Richard Wagner*, München 1896.

–, *Richard Wagner. Neue illustrierte Ausgabe*, 2 Bde, München 1911.

Dieckmann Fr., *Richard Wagner in Venedig*, Leipzig 1983.

Eckart R., Graf Du Moulin, *Cosima Wagner. Ein Lebens- und Charakterbild*, München/Berlin 1929.

Glasenapp Fr., *Das Leben Richard Wagners in sechs Büchern dargestellt*, Leipzig 1905–1911.

–, *Wagner Enzyklopädie*, Leipzig 1891, Nachdruck: Hildesheim/New York 1977.

Golther W., *Richard Wagners Leben und Werke*, Berlin/Leipzig/Wien/Stuttgart o. J.

Gregor-Dellin M., *Richard Wagner. Sein Leben, sein Werk, sein Jahrhundert*, München/Zürich 1980.

–, *Richard Wagner. Eine Biographie in Bildern*, München-Zürich 1982.

Kaiser, J., *Leben mit Wagner*, München 1990.

Katz J., *Richard Wagner, Vorbote des Antisemitismus*, Königstein/Taunus 1985.

Mann Th., *Wagner und unsere Zeit, Aufsätze, Betrachtungen, Briefe*, Frankfurt a. M. 1963.

Mayer H., *Richard Wagner in Selbstzeugnissen und Bilddokumenten*, Hamburg 1959.

–, *Anmerkungen zu Richard Wagner*, Frankfurt a. M. 1966.

–, *Richard Wagner, Mitwelt und Nachwelt*, Stuttgart/Zürich 1978.

Nietzsche Fr., *Die Geburt der Tragödie aus dem Geiste der Musik*, Leipzig 1872.

–, *Unzeitgemäße Betrachtungen, Richard Wagner in Bayreuth*, Chemnitz 1876.

Pachl P. P., *Siegfried Wagner, Genie im Schatten*, München 1988.

Prawy M., *Richard Wagner, Leben und Werk*, München 1982.

Schertz-Parey W., *Winifred Wagner*, Graz/Stuttgart 1999.

Schostack, R., *Hinter Wahnfrieds Mauern. Gertrud Wagner, Ein Leben*, Hamburg 1998.

Strobel O. u. Deubner L., *Bayreuth. Die Stadt Richard Wagners*, München 1942.

Wessling B. W., *Wieland Wagner, der Enkel*, Köln 1997.

Wapnewski P. u. Müller U., *Wagner Handbuch*, Stuttgart 1986.

Westernhagen C. v., *Richard Wagner. Sein Werk, sein Wesen, seine Welt*, Zürich 1956.

Zelinsky H., *Richard Wagner, Ein deutsches Thema*, Frankfurt a. M. 1976.

Bildnachweise

S. 11: Die Dynastie. Nationalarchiv der Richard-Wagner-Stiftung, Bayreuth.
S. 14: Die Mutter. Nationalarchiv der Richard-Wagner-Stiftung, Bayreuth.
S. 15: Stiefvater Geyer. Nationalarchiv der Richard-Wagner-Stiftung, Bayreuth.
S. 27: Richard Wagner. Nationalarchiv der Richard-Wagner-Stiftung, Bayreuth.
S. 35: Minna Wagner. Nationalarchiv der Richard-Wagner-Stiftung, Bayreuth.
S. 53: Richard Wagner und seine Freunde. Nationalarchiv der Richard-Wagner-Stiftung, Bayreuth.
S. 61: Richard Wagner mit Sohn Siegfried. Nationalarchiv der Richard-Wagner-Stiftung, Bayreuth.
S. 67: Das Festspielhaus. Nationalarchiv der Richard-Wagner-Stiftung, Bayreuth.
S. 75: Villa Wahnfried. Nationalarchiv der Richard-Wagner-Stiftung, Bayreuth.
S. 93: Cosima, Siegfried und Richard Wagner. Nationalarchiv der Richard-Wagner-Stiftung, Bayreuth.
S. 103: Siegfried Wagner mit Mutter. Nationalarchiv der Richard-Wagner-Stiftung, Bayreuth.
S. 113: Siegfried Wagner und seine Familie. Nationalarchiv der Richard-Wagner-Stiftung, Bayreuth.
S. 127: Winifred Wagner und Adolf Hitler. Ullstein Bilderdienst, Berlin.
S. 141: Wahnfriedjugend mit Tietjen. Nationalarchiv der Richard-Wagner-Stiftung, Bayreuth.
S. 146: Hitler mit Wagnersöhnen. Dokumentations- und Informationszentrum, München.
S. 147: Hitler mit Wagnertöchtern. Nationalarchiv der Richard-Wagner-Stiftung, Bayreuth.
S. 161: Der Verstoßene. Pendragon, Bielefeld.
S. 163: Wieland und Wolfgang Wagner. Bayreuther Festspiele GmbH, Bayreuth.
S. 167: Wieland und Gertrud mit Kindern. Siegfried Lauterwasser, Überlingen.
S. 173: Friedelind und Begum. Ullstein Bilderdienst, Berlin.
S. 189: Wolfgang und Ellen. Nationalarchiv der Richard-Wagner-Stiftung, Bayreuth.
S. 197: Wolfgang, Gudrun und Katharina Wagner. dpa, Frankfurt.
S. 205: Nike Wagner und Elmar Weingarten. Nordbayerischer Kurier, Bayreuth.
S. 208: Eva Wagner-Pasquier. Nordbayerischer Kurier, Bayreuth.

Campus Familienbande

Thomas Rother
Die Krupps
Durch fünf Generationen Stahl
2001. 247 Seiten
ISBN 3-593-36530-8

Was im 16. Jahrhundert mit dem holländischen
Religionsflüchtling Arndt Kruipe in Essen begann,
sollte die Krupps Jahrhunderte später an den Hof
von Kaisern und Königen führen, anschließend
an den Tisch von Diktatoren. Der letzte von ihnen,
Alfried Krupp von Bohlen und Halbach, landete
schließlich im Gefängnis.
So ist die Geschichte der Krupps vieles zugleich:
einerseits deutsche Industrie-, Militär- und Sozial-
geschichte, andererseits (und vor allem) die Geschichte von fünf Generationen, die ihre jeweilige
Zeit ebenso prägten wie die Zeiten bei ihnen Spuren
hinterlassen haben. Daher überrascht es nicht, dass
der letzte Enkel den Sprung in die New Economy
gemacht und hier eine neue Dynastie gegründet hat.

Gerne schicken wir Ihnen unsere aktuellen Prospekte:
Campus Verlag · Kurfürstenstr. 49 · 60486 Frankfurt/M.
Tel. 069/97 65 16-0 · Fax - 78 · www.campus.de
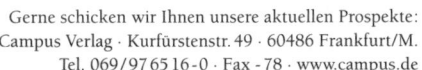

campus

Frankfurt / New York

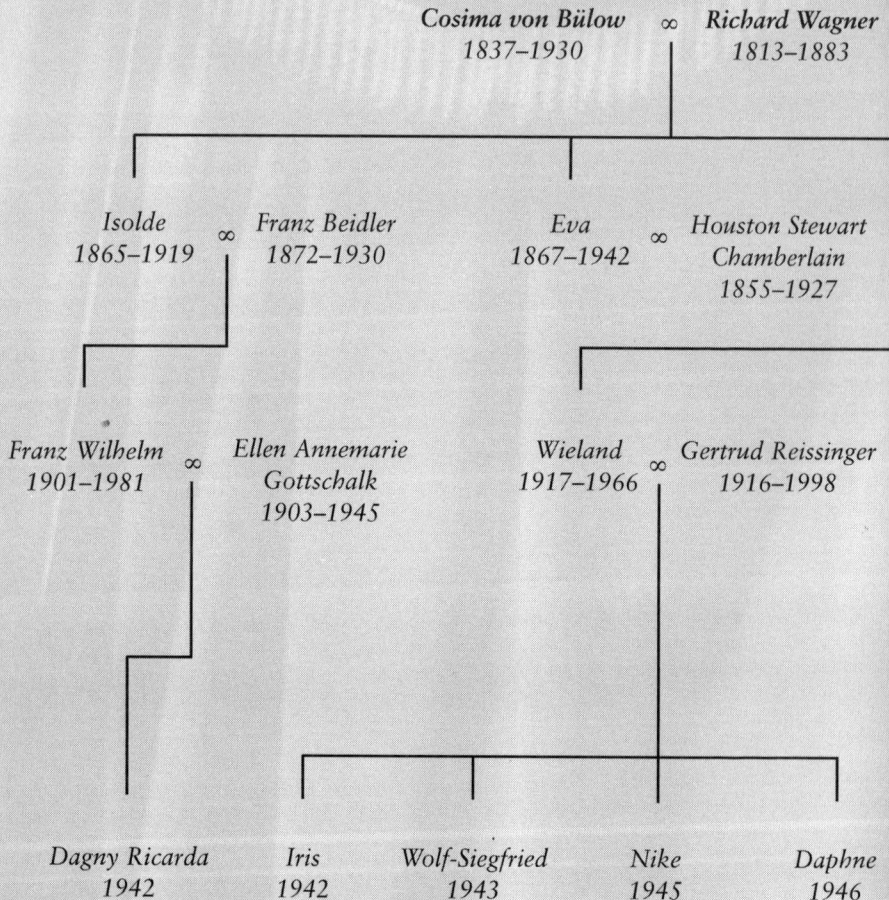

Cosima von Bülow   ∞   Richard Wagner
1837–1930   1813–1883

Isolde   ∞   Franz Beidler   Eva   ∞   Houston Stewart
1865–1919   1872–1930   1867–1942   Chamberlain
                                                     1855–1927

Franz Wilhelm   ∞   Ellen Annemarie   Wieland   ∞   Gertrud Reissinger
1901–1981   Gottschalk   1917–1966   1916–1998
                    1903–1945

Dagny Ricarda   Iris   Wolf-Siegfried   Nike   Daphne
1942   1942   1943   1945   1946